한국의 언어와 문화
기초편

장현묵 · 정영교 · 이지은 · 오유진 · 양윤실

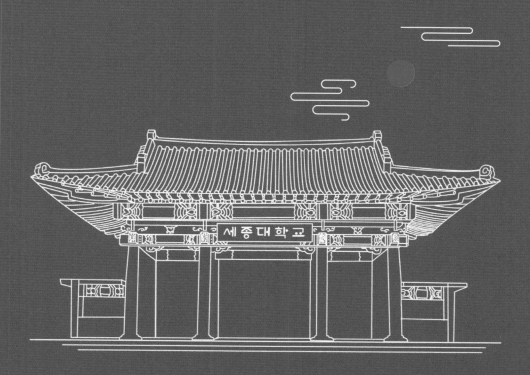

박영사

한국의 언어와 문화 발간사 ★————————————

　　세종대학교에서 외국인 학생 대상의 한국어 교육을 위한 교양한국어 교재인 〈한국의 언어와 문화 기초편〉을 발간한 것을 진심으로 기쁘게 생각합니다. 애민심과 함께 창의적이고 과학적인 원리에 바탕하여 한글을 창제하신 세종대왕의 정신을 계승하는 세종대학교는 연구 중심의 글로벌 대학으로 발돋움하여 많은 외국인 학생을 교육하고 있으며, 〈한국의 언어와 문화 기초편〉의 발간은 매우 뜻깊고 시기적절하다고 생각합니다. 한참 어려웠던 지난 과거에 우리는 당시의 여러 선진국에 유학하여 그들의 언어와 문화를 배우며 부러움을 가졌습니다만 이제는 한국의 문화도 부러움의 대상이 되었으며, 우리말과 글을 잘 구사하려고 많은 노력을 기울이는 외국인을 국내외에서 쉽게 찾아 볼 수 있게 되었습니다.

　　〈한국의 언어와 문화 기초편〉은 장현묵 교수를 포함하여 여섯 분 교강사의 정성어린 집필의 결과물입니다. 2014학년도 1학기에 처음 교양한국어 과목이 개설된 이래로 한국어 교육 과정 중에 제작한 교육 자료와 열의 넘치는 교육 경험을 토대로 많은 고민과 노력을 담아 개발하였습니다. 초급 한국어를 다루고 있지만 대학에서 학업을 이어가는 유학생들에게 실질적으로 많은 도움을 주기 위하여 각별히 고심하여 주제를 선택하였고 문법과 활동을 중심으로 구성하였습니다. 외국인 학생들이 한국어를 쉽게 받아들일 수 있도록 한국문화에 대한 설명을 포함하여 적절한 연습을 충분히 제공하고 있습니다.

　　〈한국의 언어와 문화 기초편〉 교재가 많은 유학생들의 한국어 구사 능력을 함양하고 원활한 학업을 이어가는 데에 큰 도움이 될 것이라고 굳게 믿습니다.

대양휴머니티칼리지 학장
이희원

일러두기 ★ ─────────────────────

〈한국의 언어와 문화 기초편〉은 대학의 교양한국어 수업을 위한 교재입니다. 외국인 학생들이 대학에서 학업을 수행하며 접하게 될 상황을 바탕으로 필수적인 문법과 표현을 선별하여 교재를 구성하였습니다. 〈한국의 언어와 문화 기초편〉은 읽기와 쓰기 능력 함양에 초점을 두었으며, 한 학기 주 3시간 15주 과정으로 총 두 학기에 적합한 분량입니다.

교재의 구성은 도입, 학습, 마무리의 세 단계로 나누었습니다. 도입 단계에서는 각 과의 학습 목표를 제시하고 읽기를 통해 과별 주제와 목표 어휘와 문법을 파악할 수 있도록 하였습니다. 학습 단계에서는 목표 어휘와 문법을 학습하고 쓰기 활동과 띄어쓰기 및 맞춤법 연습을 통해 문어 능력을 함양하도록 하였습니다. 마무리 단계에서는 문화 Tip을 통해 한국 문화와 대학 생활의 유용한 정보를 제시하였으며 어휘노트를 제공하여 복습 또는 과제로 활용할 수 있도록 하였습니다.

단원 구성

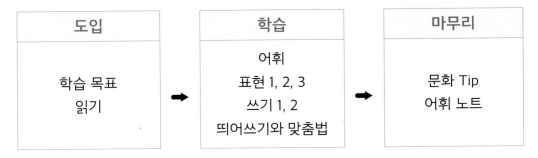

- 학습 목표: 각 단원에서 공부할 내용을 제시하고 학습 동기를 부여합니다.
- 읽기: 대화문을 읽고 질문에 답하며 이해한 내용을 확인합니다.
- 어휘: 주제와 관련된 어휘를 학습합니다.
- 표현: 각 문법 표현의 형태 규칙과 예문을 확인합니다.
  연습 문제를 통해 각 문법 표현의 규칙과 의미를 익힙니다.
- 쓰기: 학습한 문법과 어휘를 사용하여 글을 써 봅니다.
- 띄어쓰기와 맞춤법: 정확한 글쓰기를 위해 띄어쓰기와 맞춤법을 익힙니다.
- 문화 Tip: 한국 문화와 대학 생활의 유용한 정보를 확인합니다.
- 어휘 노트: 각 단원에 등장한 새로운 어휘를 복습합니다.

목차 ★

? 한글은 무엇인가요?
What is Hangeul?

한글은 한국의 고유 문자입니다. 전 세계에서 자국어를 가진 나라는 28개국이며, 고유문자는 한글, 한자, 로마자, 아라비아문자, 인도문자, 에티오피아문자 등 6개뿐입니다.

Hangeul is a unique Korean alphabet. There are 28 countries in the world that have their own language, and there are only 6 unique alphabet: Hangeul, Chinese, Roman, Arabic, Indian, and Ethiopian.

한글은 조선시대인 1443년에 세종대왕에 의해 창제되었습니다. 처음 창제되었을 때는 '백성을 가르치는 바른 소리'라는 의미의 '훈민정음(訓民正音)'이라고 불리었으나 20세기 초 국어학자 주시경에 의해 '한글'이라는 이름으로 불리기 시작했습니다.

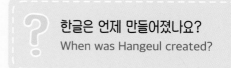

한글은 언제 만들어졌나요?
When was Hangeul created?

Hangeul was created by King Sejong the Great in 1443 druing the Joseon Dynasty. When it was first created, it was called 'Hun-min-jeong-eum', meaning 'the right sound to teach the people', but in the early 20th century, it began to be called 'Hangeul' by Ju Si-gyeong, a Korean linguist.

? 한글은 어떻게 만들어졌나요?
How was Hangeul created?

A 한글의 모음은 하늘, 땅, 사람을 표현한 · (하늘), ― (땅), ㅣ (사람)을 조합하여 기본 글자를 만들었으며 한글의 자음은 발음 기관인 혀와 입술, 목구멍 등의 모양을 표현하여 기본 글자를 만들었습니다. 그리고 여기에 획을 더하는 방식으로 전체 글자를 만들었습니다.

The vowels of Hangeul are made by combining · (sky), ― (earth), ㅣ (person), which represent sky, earth, and people. The consonants of Hangel where created by expressing the shape of the tongue, lips, and throat, which are the pronunciation organs. And the rest of the letters were created by adding strokes to it.

모음의 제자 원리 The principles of Volews

● + ― = ⊥

ㅣ + ● = ㅏ

자음의 제자 원리 The principles of consonants

발음 기관 이미지

ㄱ + ― = ㅋ
ㄴ + ― = ㄷ
ㄷ + ― = ㅌ

한글 소개　**7**

한글의 모음과 자음은 모두 몇 개인가요?
How many vowels and
consonants are there in Hangeul?

현재 사용하는 모음은 21개, 자음은 19개입니다.

Currently, there are 21 vowels and 19 consonants.

모음	ㅏ	ㅑ	ㅓ	ㅕ	ㅗ	ㅛ	ㅜ	ㅠ	ㅡ	ㅣ
발음	[a]	[ya]	[ə]	[yə]	[o]	[yo]	[u]	[yu]	[ɨ]	[i]

모음	ㅐ	ㅒ	ㅔ	ㅖ	ㅘ	ㅙ	ㅚ	ㅝ	ㅞ	ㅟ	ㅢ
발음	[ɛ]	[yɛ]	[e]	[ye]	[wa]	[wɛ]	[we]	[wə]	[we]	[wi]	[ɰi]

자음	ㄱ	ㄴ	ㄷ	ㄹ	ㅁ	ㅂ	ㅅ	ㅇ	ㅈ	ㅊ	ㅋ	ㅌ	ㅍ	ㅎ
발음	[k/g]	[n]	[t/d]	[r/l]	[m]	[p/b]	[s]	[ø/ŋ]	[ʧ/j]	[ʧʰ]	[kʰ]	[tʰ]	[pʰ]	[h]

자음	ㄲ	ㄸ	ㅃ	ㅆ	ㅉ
발음	[kˈ]	[tˈ]	[pˈ]	[sˈ]	[ʧˈ]

한글은 어떻게 쓰나요?
How do you write Hangeul?

한국어는 네 가지의 음절 구조로 표현합니다.

There are four diffrent types of Korean syllable structure.

모음 vowel	아, 이, 오
자음 + 모음 consonant + vowel	가, 나, 도
모음 + 자음 vowel + consonant	안, 옷, 입
자음 + 모음 + 자음 consonant + vowel + consonant	돈, 곰, 강

첫째, 모음으로 시작하는 음절은 소리가 없는 자음 'ㅇ'을 함께 씁니다.

First, Syllables starting with a vowel are written together with the soundless consonant 'ㅇ'.

아, 이, 오   안, 옷, 입

둘째, 자음을 왼쪽에 써야 하는 모음과 위에 써야 하는 모음이 있습니다.

Second, There is a vowel in which the consonant is written on the left and a vowel in which the consonant is written on the top.

 가, 너, 대, 미   고, 느, 두, 의

셋째, 자음으로 끝나는 음절은 마지막 자음을 아래쪽에 씁니다.

Third, For syllables ending in a consonant, write the last consonant below.

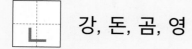 강, 돈, 곰, 영

교실 언어 Classroom language

안녕하세요?
Hello

안녕하세요?
Hello

감사합니다.
Thank you

아닙니다.
Your're welcome

죄송합니다.
I'm sorry

괜찮습니다.
That's okay

괜찮아요?
Is it okay?

네 / 아니요.
Yes / No

들으세요.
Please listen carefully

따라 하세요.
Please repeat

읽으세요.
Please read

쓰세요.
Please write

보세요.
Please look here

이야기하세요.
Please talk

알아요.
I understand /
I know

몰라요.
I don't understand /
I don't know

좋아요.
Good

잘했어요.
Good job

한글 익히기 Hangeul – 모음1 Vowels 1

모음	ㅏ	ㅑ	ㅓ	ㅕ	ㅗ	ㅛ	ㅜ	ㅠ	ㅡ	ㅣ
발음	[a]	[ya]	[ə]	[yə]	[o]	[yo]	[u]	[yu]	[ɨ]	[i]
쓰는 순서										

🔊 듣고 따라 하세요. Listen and repeat

아 야 어 여 오 요 우 유 으 이

 연습하세요. Practice writing

ㅏ	ㅏ				아	아			
ㅑ	ㅑ				야	야			
ㅓ	ㅓ				어	어			
ㅕ	ㅕ				여	여			
ㅗ	ㅗ				오	오			
ㅛ	ㅛ				요	요			
ㅜ	ㅜ				우	우			
ㅠ	ㅠ				유	유			
ㅡ	ㅡ				으	으			
ㅣ	ㅣ				이	이			

🔊 잘 듣고 맞는 것을 고르세요. Listen carefully and choose the correct pronunciation

1) ① 아 ② 어 ③ 오   2) ① 야 ② 여 ③ 요

3) ① 오 ② 우 ③ 으   4) ① 으 ② 이 ③ 우

🔊 단어를 잘 듣고 따라하세요. Listen carefully and repeat

	(숫자)오	(숫자)이	
아이	오이	여우	우유

✍️ 연습하세요. Practice writing

오					
이					
아이					
오이					
여우					
우유					

◉ 받아쓰기 Dictation

1)

2)

3)

4)

한글 익히기 Hangeul – **자음 1** Consonant 1

자음	ㄱ	ㄴ	ㄷ	ㄹ	ㅁ	ㅂ	ㅅ
발음	[k/g]	[n]	[t/d]	[r/l]	[m]	[p/b]	[s]
쓰는 순서							

자음	ㅇ	ㅈ	ㅊ	ㅋ	ㅌ	ㅍ	ㅎ
발음	[ø/ŋ]	[ʧ/j]	[ʧʰ]	[kʰ]	[tʰ]	[pʰ]	[h]
쓰는 순서							

🔊 **듣고 따라 하세요.** Listen and repeat

가 나 다 라 마 바 사 아 자 차 카 타 파 하

✏️ **연습하세요.** Practice writing

ㄱ	ㄴ	ㄷ	ㄹ	ㅁ	ㅂ	ㅅ
ㄱ	ㄴ	ㄷ	ㄹ	ㅁ	ㅂ	ㅅ

ㅇ	ㅈ	ㅊ	ㅋ	ㅌ	ㅍ	ㅎ
ㅇ	ㅈ	ㅊ	ㅋ	ㅌ	ㅍ	ㅎ

✍ 연습하세요. Practice writing

	ㅏ	ㅑ	ㅓ	ㅕ	ㅗ	ㅛ	ㅜ	ㅠ	ㅡ	ㅣ
ㄱ	가	갸	거							
ㄴ										
ㄷ										
ㄹ										
ㅁ										
ㅂ										
ㅅ										
ㅇ										
ㅈ										
ㅊ										
ㅋ										
ㅌ										
ㅍ										
ㅎ										

🔊 **잘 듣고 맞는 것을 고르세요.** Listen carefully and choose the correct pronunciation

1)　① 가　② 카　　2)　① 바　② 파

3)　① 자　② 차　　4)　① 아　② 하

🔊 **단어를 잘 듣고 따라하세요.** Listen carefully and repeat

가구	고기	구두	나이
누구	다리	머리	모기
나비	바나나	버스	바지
소리	사자	어머니	오리
지구	기차	코	카드
티셔츠	포도	휴지	

 연습하세요. Practice writing

가구			소리		
고기			사자		
구두			어머니		
나이			오리		
누구			지구		

다리			기차		
머리			코		
모기			카드		
나비			티셔츠		
바나나			포도		
버스			휴지		
바지					

◉ 받아쓰기 Dictation

1)

2)

3)

4)

한글 익히기 Hangeul – **모음 2** Vowels 2

모음	ㅐ	ㅔ	ㅒ	ㅖ	ㅘ	ㅝ	ㅙ	ㅞ	ㅚ	ㅟ	ㅢ
발음	[ɛ]	[e]	[yɛ]	[ye]	[wa]	[wə]	[wɛ]	[we]	[we]	[wi]	[ɰi]
쓰는 순서											

 발음이 어때요?
How are these vowels pronounced?

 듣고 따라 하세요. Listen and repeat

애 에 얘 예 와 워 왜 웨 외 위 의

연습하세요. Practice writing

ㅐ	ㅐ				애	애			
ㅔ	ㅔ				에	에			
ㅒ	ㅒ				얘	얘			

ㅖ	ㅖ				예	예			
ㅘ	ㅘ				와	와			
ㅝ	ㅝ				워	워			
ㅙ	ㅙ				왜	왜			
ㅞ	ㅞ				웨	웨			
ㅚ	ㅚ				외	외			
ㅟ	ㅟ				위	위			
ㅢ	ㅢ				의	의			

🔊 **잘 듣고 맞는 것을 고르세요.** Listen carefully and choose the correct pronunciation

1) ① 애   ② 예   ③ 웨   2) ① 위   ② 의   ③ 외

3) ① 와   ② 워   ③ 왜   4) ① 얘   ② 에   ③ 웨

🔊 **단어를 잘 듣고 따라하세요.** Listen carefully and repeat

새	지우개	사과	게	개
개미	과자	샤워	귀	가위
회사	왜	돼지	예의	위치
카메라	의자	의사	시계	스웨터

연습하세요. Practice writing

새			회사		
지우개			왜		
사과			돼지		
게			예의		
개			위치		
개미			카메라		
과자			의자		
샤워			의사		
귀			시계		
가위			스웨터		

◉ 받아쓰기 Dictation

1)

2)

3)

4)

한글 익히기 Hangeul – **자음2** Consonants 2

자음	ㄲ	ㄸ	ㅃ	ㅆ	ㅉ
발음	[k']	[t']	[p']	[s']	[tʃ']
쓰는 순서					

🔊 **듣고 따라 하세요.** Listen and repeat

까　　따　　빠　　싸　　짜

✍ **연습하세요.** Practice writing

ㄲ	ㄸ	ㅃ	ㅆ	ㅉ
ㄲ	ㄸ	ㅃ	ㅆ	ㅉ

	ㅏ	ㅑ	ㅓ	ㅕ	ㅗ	ㅛ	ㅜ	ㅠ	ㅡ	ㅣ
ㄲ	까	꺄	꺼							
ㄸ										
ㅃ										
ㅆ										
ㅉ										

🔊 잘 듣고 맞는 것을 고르세요. Listen carefully and choose the correct pronunciation

1) ① 가다 ② 까다
2) ① 비다 ② 삐다 ③ 피다
3) ① 타다 ② 따다
4) ① 자다 ② 짜다 ③ 차다
5) ① 사다 ② 싸다

🔊 단어를 잘 듣고 따라하세요. Listen carefully and repeat

까치	꼬리	코끼리
로또	머리띠	아빠
오빠	뽀뽀	쓰레기
짜다	싸다	찌개

 연습하세요. Practice writing

까치			오빠		
꼬리			뽀뽀		
코끼리			쓰레기		
로또			짜다		
머리띠			싸다		
아빠			찌개		

한글 익히기 Hangeul – **받침** Batchim (Consonant bases)

 받침이 뭐예요?

 받침은 음절의 마지막에 오는 자음입니다. 16개의 자음을 받침으로 사용할 수 있지만 발음은 7가지입니다.

Batchim is a consonant that comes at the end of a syllable. There are 16 consonants available, but there are only 7 pronunciations.

받침	ㄱ ㅋ ㄲ	ㄴ	ㄷ ㅌ ㅅ ㅆ ㅈ ㅊ ㅎ	ㄹ	ㅁ	ㅂ ㅍ	ㅇ
발음	ㄱ [k˺]	ㄴ [n]	ㄷ [t˺]	ㄹ [l]	ㅁ [m]	ㅂ [p˺]	ㅇ [ŋ]
예	책[책] 부엌[부억] 밖[박]	안[안]	곧[곧] 솥[솓] 옷[옫] 있다[읻따] 낮[낟] 꽃[꼳] 히읗[히읃]	말[말]	감[감]	밥[밥] 앞[압]	강[강]

🔊 **듣고 따라 하세요.** Listen and repeat

책	부엌	밖	안
곧	솥	옷	있다
낮	꽃	히읗	말
감	밥	앞	강

🔊 잘 듣고 맞는 것을 고르세요. Listen carefully and choose the correct pronunciation

1) ① 각 ② 감 ③ 강   2) ① 난 ② 낮 ③ 납

3) ① 달 ② 담 ③ 답   4) ① 말 ② 만 ③ 맘

5) ① 꼭 ② 꼰 ③ 꽁   6) ① 앞 ② 암 ③ 악

🔊 단어를 잘 듣고 따라하세요. Listen carefully and repeat

학교	부엌	낚시	가족
돈	눈	밭	옷
꽃	있다	같다	받다
계절	할머니	엄마	컴퓨터
집	무릎	동생	영화

 연습하세요. Practice writing

학교			같다		
부엌			받다		
낚시			계절		
가족			할머니		
돈			엄마		

눈			컴퓨터		
밭			집		
옷			무릎		
꽃			동생		
있다			영화		

◉ 받아쓰기 Dictation

1)

2)

3)

4)

5)

기본 어휘
Basic Vocabulary

읽으세요. Read aloud

 장소 PLACE

대학교

강의실

도서관

학과사무실

학생회관

학생식당

기숙사

화장실

서점

커피숍

은행

우체국

⊕ 기본 형용사 BASIC ADJECTIVE

좋다	나쁘다	재미있다	재미없다
많다	적다	크다	작다
높다	낮다	싸다	비싸다
빠르다	느리다	덥다	춥다
조용하다	시끄럽다	깨끗하다	더럽다
무겁다	가볍다	가깝다	멀다

기본 동사 BASIC VERB

읽다	쓰다	말하다	듣다
공부하다	일하다	전화하다	운동하다
먹다	마시다	자다	일어나다
가다	오다	알다	모르다
주다	받다	사다	팔다

 숫자 NUMBERS

0	1	2	3	4	5	6	7	8	9	10
영(공)	일	이	삼	사	오	육	칠	팔	구	십
	하나	둘	셋	넷	다섯	여섯	일곱	여덟	아홉	열
	한	두	세	네	다섯	여섯	일곱	여덟	아홉	열

100	1,000	10,000
백	천	만

1장

학과 소개

세종대학교 컴퓨터공학과 학생입니다.

읽기
Reading

저는 나디아입니다. 세종대학교 컴퓨터공학과 학생입니다.

이 사진은 컴퓨터공학과 학생 사진입니다.

이 사람은 마리아 씨입니다. 마리아 씨는 컴퓨터공학과 1학년입니다.

이 사람은 민철 씨입니다. 민철 씨도 1학년입니다. 민철 씨는 부산 사람입니다.

이 사람은 지현 선배입니다. 지현 선배는 1학년이 아닙니다. 3학년입니다.

지현 선배는 서울 사람입니다.

이 분은 학생이 아닙니다. 이 분은 컴퓨터공학과 신우현 교수님입니다.

---

1. '저'는 누구입니까?

2. 마리아 씨의 전공은 무엇입니까?

3. 민철 씨는 어디 사람입니까?

어휘
Vocabulary

➕ 직업

학생	교수	의사	간호사
경찰	소방관	우체부	경비원
기사	회사원	연구원	엔지니어

➕ 도시

〈한국〉

서울　　　　　　부산
인천　　　　　　대전

〈중국〉

베이징　　　　　광저우
청두　　　　　　상하이

〈미국〉

뉴욕　　　　　　로스앤젤레스
　　　　　　　　(엘에이)
시카고　　　　　샌프란시스코

〈베트남〉

호치민　　　　　하노이
하이퐁　　　　　다낭

〈우즈베키스탄〉

타슈겐트　　　　사마르칸트
누쿠스　　　　　테르메즈

〈말레이시아〉

쿠알라룸푸르　　조호르바루
믈라카　　　　　알로르스타르

➕ 학생

1학년　　　　　2학년
3학년　　　　　4학년

선배
동기
후배

표현 1
Expression 1

N은/는 N입니다

받침 O	은	이 사람은
받침 X	는	저는

받침 O X	입니다. 입니까?	학생입니다. 학생입니까? 마리아 씨입니다. 마리아 씨입니까?

▶ 이 사람은 부산 사람입니다.

▶ 저는 컴퓨터공학과 학생입니다.

▶ 이 사람은 마리아 씨입니다.

▶ 저는 나디아입니다.

▶ 저는 나디아입니다. 컴퓨터공학과 학생입니다.

 보기와 같이 맞는 것에 ◯ 하세요.

   저(은 /(는)) 나디아입니다.

1) 저(은 / 는) 학생입니다.

2) 리웨이 씨(은 / 는) 의사입니다.

3) 저(은 / 는) 타슈겐트 사람입니다.

4) 이 사람(은 / 는) 자스민 씨입니다.

5) 마이클 씨(은 / 는) 경영학과 2학년입니다.

보기와 같이 문장을 완성하세요.

저 / 나디아

→ <u>저는 나디아입니다.</u>

1) 저 / 인천 사람

→ _____.

2) 뀐 씨 / 경찰

→ _____.

3) 이 사람 / 김미정 씨

→ _____.

4) 안나 씨 / 타슈겐트 사람

→ _____.

 '나'와 '친구'를 소개하세요.

이름, 도시, 전공, 학년, 직업…	
저는 김민철입니다. 부산 사람입니다. 저는 컴퓨터공학과 학생입니다. 2학년입니다.	이 사람은 마리아 씨입니다. 미국 로스앤젤레스 사람입니다. 마리아 씨는 컴퓨터공학과 1학년입니다.

1) _____

_____

2) _____

_____

_____

표현2
Expression 2

N이/가 아닙니다

받침 O	이	학생이
받침 X	가	마리아가

▶ 저는 의사가 아닙니다.

▶ 지현 선배는 1학년이 아닙니다.

▶ 이 분은 학생이 아닙니다. 교수님입니다.

 보기와 같이 맞는 것에 ◯ 하세요.

 저는 1학년 ((이)/ 가) 아닙니다.

1) 마리아 씨는 간호사(이 / 가) 아닙니다.

2) 호세 씨는 서울 사람(이 / 가) 아닙니다.

3) 박재희 씨는 동기(이 / 가) 아닙니다.

4) 마이클 씨는 선생님(이 / 가) 아닙니다.

5) 웨이란 씨는 베이징 사람(이 / 가) 아닙니다.

 보기와 같이 문장을 완성하세요.

 저, 학생 (X)

→ 저는 학생이 아닙니다.

1) 저, 호치민 사람 (X)

→ _____.

2) 마리아 씨, 의사 (X)

→ _____.

3) 박민주 씨, 2학년 (X)

→ _____.

4) 엘레나 씨, 선배 (X)

→ _____.

3 다음을 읽고, 글을 완성하세요.

1)

이하운, 서울 세종대학교 경영학과 2학년	이하운 씨입니다. 이하운 씨는 부산 사람_____. 서울 사람입니다. 이하운 씨는 세종대학교 컴퓨터공학과 학생__ _____. 경영학과 학생입니다. 이하운 씨는 1학년_____. 2학년입니다.

2)

흐엉, 다낭 삼성전자 엔지니어	흐엉 씨입니다. 흐엉 씨는 호치민 사람_____. 다낭 사람입니다. 흐엉 씨는 세종대학교 학생_____. 엔지니어입니다.

표현 3
Expression 3

이/그/저

이	그	저
이것	그것	저것
이 사람	그 사람	저 사람
이 분	그 분	저 분
이 물건	그 물건	저 물건

▷ 이것은 사진입니다.

▷ 그 사람은 서울 사람이 아닙니다.

▷ 저 분은 세종대학교 교수님입니다.

▷ 이 사진은 경영학과 학생 사진입니다.

1 보기와 같이 문장을 완성하세요.

 이 / 것 / 사진
→ 이것은 사진입니다.

1) 저 / 사람 / 부산 사람

→ _____.

2) 이 / 분 / 의사

→ _____.

3) 이 / 사람 / 세종대학교 학생

→ _____.

2 그림을 보고 맞는 것에 ○ 하세요.

1)

(이 / 그 / 저) 사람은 나디아 씨입니다.

2)

(이 / 그 / 저) 사람은 세종대학교 학생입니다.

3)

(이 / 그 / 저) 사람은 쿠알라룸푸르 사람입니다.

4)

(이 / 그 / 저) 사진은 경영학과 교수님 사진입니다.

3 그림을 보고 글을 완성하세요.

1)

이 사람은 마리아 씨입니다.

2)

_____세종대학교 교수님입니다.

3)

_____경찰입니다.

4)

_____. (상하이 사람)

보기

	이름	김민수
	고향	서울
	학교	세종대학교
	학년	1학년
	전공	컴퓨터공학과

	이름	
	고향	
증명 사진	학교	
	학년	
	전공	

저는 _____ 입니다.

_____

_____

_____

_____

친구의 명함을 보세요. 그리고 아래 표에 쓰세요. 친구를 소개하세요.
아래의 표현을 반드시 한 번 이상 사용해야 해요.

1. N은/는 -입니다
2. N이/가 아닙니다
3. N입니다

이름	고향	학년	전공
김민수	서울	1학년	컴퓨터공학과

이 사람은 김민수 씨입니다. 서울 사람입니다. 김민수 씨는 2학년이 아닙니다.
1학년입니다. 김민수 씨는 컴퓨터공학과 학생입니다.

띄어쓰기
Word Spacing

 조사 1

> 저는 나디아입니다.
> 저는(O)   저 는(X)
> 저는 나디아(O)   저는나디아(X)

 띄어쓰기를 확인하세요.

저는∨나디아입니다.

이 사진은∨컴퓨터공학과 학생 사진입니다.

이 분은∨학생이∨아닙니다.

2 **조사에 주의해서 띄어쓰기 하세요.**

1) 저는한국사람이아닙니다.

2) 이사람은마리아씨입니다.

3) 민철씨도1학년입니다.

4) 민철씨는부산사람입니다.

5) 저분은교수님입니다.

※ The following picture is the map of Korea. Let's search cities of the Korea.

강릉
강릉's sea and mountains
are so beautiful.
In 강릉, There are Cafe
Street, '강릉커피거리'.

대전
'성심당'-placed in the 대전-is the
most famous bakery of the Korea.
대전 is also famous for 'science city'
because so many laboratories are in
the 대전.

경주
경주 is the oldest city in Korean
history. It was a capital city of
ancient '신라' for 1,000 years.
There are many historical sites.
석굴암 and 불국사 are famous.

전주
전주 is famous for delicious foods.
전주비빔밥 is the identity of 전주.

광주
There are delicious foods like 떡갈비,
오리탕, 육전 in 광주.
무등 Mountatin, 송정역 Market,
Penguin Town are tour spots of 광주.

부산
부산 is called for 'Second
capital city of Korea'.
해운대, 태종대, 자갈치
Market are famous.
You can visit to Japan by
ship in the 부산 Port.

광진구 탐방

이 그림은 광진구 지도입니다.

읽기
Reading

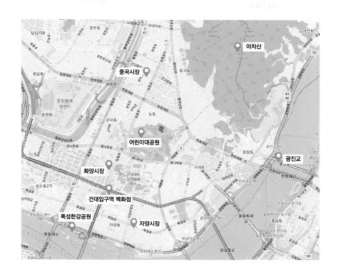

이 그림은 광진구 지도입니다.

여기는 어린이대공원입니다. 어린이대공원에서 동물원을 구경합니다.

놀이 기구도 탑니다.

여기는 뚝섬한강공원입니다. 공원에서 한강과 분수대를 구경합니다.

여기는 건대입구역 백화점입니다. 백화점에서 쇼핑을 합니다.

시장도 많습니다. 자양시장, 중곡시장, 화양시장에서 물건을 삽니다.

시장의 물건이 쌉니다.

여기는 광진교입니다. 광진교에서 산책을 합니다.

그리고 광진교 카페에서커피를 마십니다.

여기는 아차산입니다. 저는 산을 좋아합니다. 그래서 아차산에 자주 갑니다.

1. 어린이대공원에서 무엇을 합니까?
2. 백화점에서 무엇을 합니까?
3. 광진교에서 무엇을 합니까?

어휘
Vocabulary

 물건

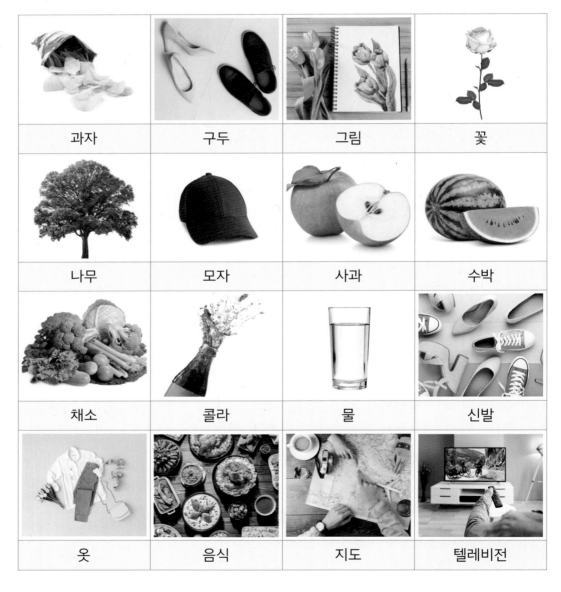

과자	구두	그림	꽃
나무	모자	사과	수박
채소	콜라	물	신발
옷	음식	지도	텔레비전

➕ 장소

교실	도서관	시장	마트
식당	동물원	분수대	놀이기구

➕ 동사

가다	오다	듣다	읽다
보다	먹다	마시다	만나다

산책하다	앉다	전화하다	좋아하다

➕ 형용사

있다	없다	크다	작다
좋다	덥다	춥다	많다
적다	재미있다	배고프다	피곤하다

표현 1
Expression 1

V/A-ㅂ니다/습니다, V/A-ㅂ니까?/습니까?

받침 O	습니다, 습니까?	먹습니다, 먹습니까?
받침 X	ㅂ니다, ㅂ니까?	갑니다, 갑니까?

▶ 저는 커피를 마십니다.

▶ 시장에 물건이 많습니다.

▶ 어린이대공원에 동물원이 있습니다.

▶ 산을 좋아합니까?

 다음과 같이 쓰세요.

가다	갑니다	먹다	먹습니다
오다		앉다	
주다		받다	
보다		듣다	
만나다		많다	
크다		작다	
예쁘다		좋다	
좋아하다		없다	

2 보기와 같이 문장을 완성하세요.

보기 꽃 / 예쁘다
      → 꽃이 예쁩니다.

1) 친구 / 많다

   →_____.

2) 옷 / 비싸다

   →_____.

3) 날씨 / 좋다

   →_____.

보기 책 / 읽다
      → 책을 읽습니다.

4) 비빔밥 / 먹다

   →_____.

5) 사이다 / 마시다

   →_____.

6) 드라마 / 보다

   →_____.

7) 옷 / 사다

   →_____.

도서관 / 가다

    → 도서관에 갑니다.

8) 병원 / 가다

   →_____.

9) 한국 / 있다

   →_____.

10) 의자 / 앉다

   →_____.

▷3 보기와 같이 대답하세요.

보기

가: 카페에서 무엇을 합니까?

나: 카페에서 커피를 마십니다.

1)

가: 공원에서 무엇을 합니까?

나: _____.

2)

가: 극장에서 무엇을 합니까?

나: _____.

3)

가: 백화점에서 무엇을 합니까?

나: _____.

4)

가: 식당에서 무엇을 먹습니까?

나: _____.

5)

가: 시장에서 무엇을 삽니까?

나: _____.

표현 2
Expression 2

N와/과

받침 O	과	가방과 책
받침 X	와	의자와 책상

▷ 교실에 의자와 책상이 있습니다.

▷ 시장에서 과일과 채소를 삽니다.

▷ 친구와 영화를 봅니다.

▷ 동생과 쇼핑을 합니다.

 보기와 같이 맞는 것에 ◯ 하세요.

　　　저는 노래(와/ 과) 여행을 좋아합니다.

1) 저는 물(와 / 과) 우유를 마십니다.

2) 이형진 씨(와 / 과) 저는 학생입니다.

3) 서점에서 책(와 / 과) 볼펜을 삽니다.

4) 어머니(와 / 과) 전화를 합니다.

5) 한강에서 형(와 / 과) 만납니다.

6) 마이클(와 / 과) 아차산에 갑니다.

보기와 같이 문장을 완성하세요.

 마트에서 (과자, 콜라 / 사다)
  → 마트에서 <u>과자와 콜라를 삽니다.</u>

1) 학교에서 (친구, 교수님 / 만나다)

  → _____.

2) 가방에 (책, 노트북 / 있다)

  → _____.

3) 공원에 (나무, 사람 / 많다)

  → _____.

 아키라, 요시다 / 일본 사람
  → <u>아키라와 요시다는 일본 사람입니다.</u>

4) 친구, 저 / 유학생

  → _____.

5) 희정 씨, 연주 씨 / 여자

  → _____.

6) 사과, 수박 / 과일

  → _____.

 보기와 같이 문장을 완성하세요.

보기 저는 (친구 / 영화, 보다)
  → <u>저는 친구와 영화를 봅니다.</u>

1) 언니는 (후옌 씨 / 음악, 듣다)

　→＿＿＿＿＿＿＿＿＿＿＿＿＿＿＿＿＿＿＿＿．

2) 톰은 (줄리앙 / 게임, 하다)

　→＿＿＿＿＿＿＿＿＿＿＿＿＿＿＿＿＿＿＿＿．

3) 저는 (미카엘 / 동물원, 구경하다)

　→＿＿＿＿＿＿＿＿＿＿＿＿＿＿＿＿＿＿＿＿．

표현 3
Expression 3

V/A-지 않습니다

받침 O	지 않다	비싸지 않습니다
받침 X		먹지 않습니다

▸ 배가 고프지 않습니다.

▸ 오늘은 춥지 않습니다.

▸ 교실이 덥지 않습니까?

▸ 친구를 만나지 않습니까?

 보기와 같이 문장을 쓰세요.

　　공부를 합니다.
　　→ 공부를 하지 않습니다.

1) 저는 햄버거를 먹습니다.

→_____.

2) 지하철에서 의자에 앉습니다.

→_____.

3) 집에서 텔레비전을 봅니다.

→_____.

4) 구두가 예쁩니다.

→_____.

2 보기와 같이 대답하세요.

A: 운동을 좋아합니까?
B: 아니요, 운동을 좋아하지 않습니다.
 / 네, 운동을 좋아합니다.

1) A: 과일이 비쌉니까?

   B: 아니요, 과일이 _____.

2) A: 지하철을 탑니까?

   B: 네, 지하철을 _____.

3) A: 도서관에 갑니까?

   B: 아니요, 도서관에 _____.

3 보기와 같이 문장을 쓰세요.

공부를 합니다
→ <u>공부를 하지 않습니다.</u> / <u>공부를 안 합니다.</u>

1) 청소를 합니다.

→ _____. / _____.

2) 친구를 만납니다

→ _____. / _____.

3) 책을 읽습니다.

→ _____. / _____.

4) 눈이 예쁩니다.

→ _____. / _____.

쓰기1
Writing 1

여러분은 토요일에 어디에 가요? 누구와 가요? 거기에서 무엇을 해요?
보기와 같이 쓰세요.

보기
저는 토요일에 명동에 갑니다. 영신 씨와 갑니다. 명동에 물건이 많습니다. 옷과 신발과 모자를 구경합니다. 음식도 먹습니다. 맛있습니다. 영신 씨와 영화도 봅니다. 재미있습니다. 피곤하지 않습니다.

_____

_____

_____

_____

_____

_____

_____

_____

_____

쓰기 2
Writing 2

여러분의 고향을 소개하세요.

아래의 표현을 반드시 한 번 이상 사용해야 해요.

1. N와/과
2. V/A-지 않습니다.

띄어쓰기
Word Spacing

➕ 조사 2

> 어린이대공원에서 동물원을 구경합니다.
> 동물원을(O) 동물원 을(X)
> 어린이대공원에서(O)   어린이대공원 에서(X)

1 **띄어쓰기를 확인하세요.**

어린이대공원에서 ∨ 동물원을 ∨ 구경합니다.

광진교에서 ∨ 산책을 ∨ 합니다.

저는 ∨ 산을 ∨ 좋아합니다.

2 **조사에 주의해서 띄어쓰기 하세요.**

1) 백화점에서쇼핑을합니다.

2) 어린이대공원에서식물원과동물원을구경합니다.

3) 학교식당에서밥을먹습니다.

4) 지하철역에서친구를만납니다.

5) 저는친구와카페에서커피를마십니다.

※ There're so many spots in Gwangjin-gu. Let's check the sightseeing spots by using the Touring map and Guidebook that were published by Gwangjin-gu office.

<관광지도/Touring map>
광진구청 웹사이트 - 메뉴 - 분야별정보 -
문화/체육/관광 - 광진여행 - 광진나들이

<관광가이드북/Guidebook>
광진구청 웹사이트 - 메뉴 - 분야별정보 -
문화/체육/관광 - 광진여행 - 테마별 관광가이드북

※ Where do you want to go? where is it? Let's write memo in the following table.

번호	장소	어디에 있습니까?
1	어린이대공원	능동, 어린이대공원역
2		
3		
4		
5		
6		

3장

소비 생활

건대입구역 백화점에서 쇼핑을 했습니다.

학습 목표

☆ **표현:** 숫자, -고, -았/었습니다

☆ **읽기:** 쇼핑하기

☆ **띄어쓰기:** 단위명사

☆ **문화 Tip:** 한국의 물가

오늘은 수업을 듣고 건대입구역에 갔습니다.

건대입구역 백화점에서 쇼핑을 했습니다.

바지와 셔츠를 구경했습니다.

바지는 삼만 원이고 셔츠는 이만 천 원이었습니다. 바지와 셔츠를 샀습니다.

운동화도 샀습니다. 운동화는 육만 오천 원입니다.

노트북도 구경했습니다. 노트북은 팔십만 원입니다.

너무 비쌌습니다. 그래서 사지 않았습니다.

백화점 슈퍼마켓에서 과자와 포도를 샀습니다.

과자는 삼천 원이고 포도는 만 원입니다. 한국은 과일이 비쌉니다.

쇼핑을 하고 식당에서 비빔밥을 먹었습니다. 비빔밥은 구천 원입니다.

오늘 돈을 많이 썼습니다. 모두 십삼만 팔천 원입니다.

---

1. 무엇을 샀습니까?
2. 노트북은 얼마입니까?
3. 식당에서 무엇을 먹었습니까?

어휘
Vocabulary

 ## 쇼핑

셔츠	바지	치마
운동화	휴대폰	자전거

 ## 음식

김밥	갈비탕	냉면

불고기	라면	빵

과거

←				
Past				Now

옛날	N년 전	작년	지난 달	지난 주	그저께	어제	오늘

표현 1
Expression 1

1	2	3	4	5	6	7	8	9	10
일	이	삼	사	오	육	칠	팔	구	십
10	20	30	40	50	60	70	80	90	100
십	이십	삼십	사십	오십	육십	칠십	팔십	구십	백

1,000	10,000
천	만

▶ 김밥은 사천 원입니다.

▶ 모자는 이만 오천 원입니다.

▶ 가방은 십이만 원입니다.

▶ 휴대폰은 백이십만 원입니다.

 보기와 같이 다음 수를 읽으세요.

(보기)　　29　　이십구

1) 50　　＿＿＿＿＿＿＿＿＿＿＿＿＿＿＿

2) 68　　＿＿＿＿＿＿＿＿＿＿＿＿＿＿＿

3) 109　　＿＿＿＿＿＿＿＿＿＿＿＿＿＿

4) 316　　＿＿＿＿＿＿＿＿＿＿＿＿＿＿

5) 4,321　　＿＿＿＿＿＿＿＿＿＿＿＿＿

6) 1,502　　＿＿＿＿＿＿＿＿＿＿＿＿＿

2 보기와 같이 다음 수를 읽으세요.

 보기   46,000   <u>사만 육천</u>

1) 37,250 　 _____

2) 510,090 　 _____

3) 180,100 　 _____

4) 2,300,000 　 _____

3 보기와 같이 문장을 쓰세요.

 보기

1,600원

→ <u>우유는 천육백 원입니다.</u>

1)

8,000원

→ _____

2)

45,000원

→ _____

3)

3,800원

→ _____

4)

23,000원

→ _____

표현 2
Expression 2

V/A-고

받침 O X	고	냉면을 먹고, 노트북이 비싸고

▶ 축구를 하고 집에 갑니다.

▶ 바지도 사고 치마도 삽니다.

▶ 저는 중국 사람이고 유학생입니다.

1 보기와 같이 문장을 쓰세요.

목욕하고 밥을 먹습니다.

1)

_____.

2)

_____.

3)

_____.

4)

_____.

보기와 같이 문장을 쓰세요.

 다니엘 씨는 미국 사람입니다. 크리스 씨는 브라질 사람입니다.
→ 다니엘 씨는 미국사람이고 크리스 씨는 브라질 사람입니다.

1) 흐엉 씨는 학생입니다. 박재희 씨는 교수님입니다.

→ _____.

2) 바지는 30,000원입니다. 운동화는 56,000원입니다.

→ _____.

3) 웨이란 씨는 운동을 합니다. 마이클 씨는 음악을 듣습니다.

→ _____.

 보기와 같이 문장을 쓰세요.

 한강은 넓습니다. 한강은 아름답습니다.
→ 한강은 넓고 아름답습니다.

1) 김밥이 쌉니다. 김밥이 맛있습니다.

→ _____.

2) 한국어가 쉽습니다. 한국어가 재미있습니다.

→ _____.

3) 요시다 씨는 일본 사람입니다. 요시다 씨는 회사원입니다.

→ _____.

V/A-았/었습니다

| ㅗ, ㅏ O | 았습니다 | 보았습니다, 앉았습니다 |
| ㅗ, ㅏ X | 었습니다 | 먹었습니다, 쉬었습니다 |

▶ 어제 춥지 않았습니다.

▶ 어제 집에 있었습니까?

▶ 전에 경찰이었습니다.

▶ 전에 간호사였습니까?

 다음과 같이 쓰세요.

앉다	앉았습니다	먹다	먹었습니다
받다		배우다	
좋다		마시다	
만나다		없다	
오다		듣다	
의사	의사였습니다	경찰	경찰이었습니다
기자		선생님	
커피		삼만 원	

2 보기와 같이 문장을 완성하세요.

지금 / 자다 → <u>지금 잡니다.</u>
　　　　　　　어제 / 자다 → <u>어제 잤습니다.</u>

1) 지금 / 한국어를 배우다

　→_____.

2) 어제 / 숙제가 많다

　→_____.

3) 지난 달 / 한국에 오다

　→_____.

4) 지금 / 교실이 깨끗하다

　→_____.

5) 작년 / 차를 사다

　→_____.

3 보기와 같이 문장을 쓰세요.

공부합니다
　　→ 어제 <u>공부했습니다.</u>

1) 청소합니다
　→ 어제 _____.

2) 노래를 듣습니다
　→ 어제 _____.

3) 영화를 봅니다

   → 지난주에 _____.

4) 나디아 씨를 만납니다

   → 지난주에 _____.

5) 구두를 삽니다

   → 작년에 _____.

쓰기1
Writing 1

다음 글에서 틀린 부분을 찾으세요. 그리고 다시 쓰세요.

> 어제는 토요일입니다. 저는 친구와 영화가 봤습니다. 종로에서 만납니다. 영화를 보고 저녁을 먹습니다. 갈비탕와 불고기를 먹습니다. 저는 불고기를 좋아했습니다. 밥을 먹고 집에 왔습니다. 피곤합니다. 샤워하고 잡니다.

쓰기 2
Writing 2

여러분은 지난 주말에 어디에 갔어요? 누구와 갔어요? 무엇을 했어요?
보기와 같이 쓰세요.

보기   저는 어제 한국인 선배와 한강에 갔습니다. 한강에 사람이 많
았습니다. 콜라와 라면도 먹었습니다. 맛있었습니다. 자전거
도 타고 유람선도 탔습니다. 재미있었습니다.

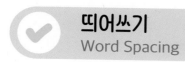

띄어쓰기
Word Spacing

➕ 단위명사

> 운동화는 육만 오천 원입니다.
> 육만 오천 원(O)   육만 오천원(X)
> 육만 오천 원입니다.(O)   육만오천원입니다.(X)

▶1 띄어쓰기를 확인하세요.

모두 ∨ 십삼만 ∨ 팔천 ∨ 원입니다.

노트북은 ∨ 팔십만 ∨ 원입니다.

바지는 ∨ 삼만 ∨ 원이고 ∨ 셔츠는 ∨ 이만천 ∨ 원이었습니다.

▶2 단위명사에 주의해서 띄어쓰기 하세요.

1) 이물은천백원입니다.

2) 학교식당밥은육천원입니다.

3) 커피는두잔에팔천육백원입니다.

4) 휴대폰은백십만원입니다.

5) 책과공책은모두삼만팔천칠백원입니다.

※ How about prices of Korea? Let's search the prices of products in the Korean on-line supermarket and compare with the homeland's prices.

한국 온라인 슈퍼마켓

이마트몰 - emart.ssg.com

롯데슈퍼 - lottesuper.com

홈플러스 - homeplus.co.kr

물건	한국 가격	고향 가격
사과		
감자칩(Potato chips)		
소고기		
우유		

※ 한국 물가와 고향 물가가 어떻습니까? 아래에 써 봅시다.

How about Korean prices and your homeland's prices?

한국 (사과는) _____.   고향 (사과는) _____.
한국 (   ) _____.   고향 (   ) _____.
한국 (   ) _____.   고향 (   ) _____.
한국 (   ) _____.   고향 (   ) _____.
한국 (   ) _____.   고향 (   ) _____.

4장

시설 안내

이곳에서 담배를 피우지 마십시오.

읽기
Reading

광개토관 안내문

이곳에서 담배를 피우지 마십시오.

흡연부스에서 담배를 피우십시오.

흡연부스는 광개토관 왼쪽에 있습니다.

어린이대공원 안내문

정문 화장실은 공사 중입니다.

화장실을 이용할 수 없습니다.

화장실 옆 보건실은 이용할 수 있습니다.

뚝섬 수영장 안내문

샤워와 준비운동을 하고 수영을 하십시오.

수영장에서 술을 마실 수 없습니다.

오래 수영하지 마십시오. 30분 동안 수영을 하고 쉬십시오.

1. 어디에서 담배를 피울 수 있습니까?
2. 어린이대공원에서 무엇을 할 수 없습니까?
3. 뚝섬 수영장에서 무엇을 마실 수 없습니까?

어휘
Vocabulary

 시설

공연장	박물관	보건실
수영장	에스컬레이터	화장실

➕ 시설 이용

공사 중	담배를 피우다	술을 마시다
사진을 찍다	수영하다	준비운동
이용하다	표지판	경고문

V-(으)십시오

| 받침 O | 으십시오 | 읽으십시오 |
| 받침 X | 십시오 | 가십시오 |

▶ 학교에 가십시오.

▶ 불고기를 만드십시오.

▶ 책을 읽으십시오.

▶ 전화를 받으십시오.

▶ 집을 지으십시오.

1 그림을 보고 문장을 완성하세요.

1)_____. 2)_____.

3)_____.   4)_____.

2 보기와 같이 대화를 완성하세요.

보기
가: 내일 여행을 갑니다. 옷이 없습니다.
나: 옷을 사십시오.

1) 가: 비가 옵니다.

   나: _____. (우산을 쓰다)

2) 가: 잘 모르겠습니다.

   나: _____. (물어보다)

3) 가: 아침에 면접이 있습니다. 길이 막힙니다.

   나: _____. (지하철을 타다)

4) 가: 오후에 시험이 있습니다.

   나: _____. (공부하다)

5) 가: 내일 친구들이 집에 옵니다.

   나: _____. (청소하다)

3 한국어를 어떻게 공부해요?

한국 뉴스를 많이 들으십시오.

1) _____.

2) _____.

3) _____.

4) _____.

표현 2
Expression 2

V-지 마십시오

받침 O X	지 마십시오	가지 마십시오 앉지 마십시오

▸ 휴대폰을 보지 마십시오.

▸ 수업시간에 전화하지 마십시오.

▸ 들어가지 마십시오.

▸ 사진을 찍지 마십시오.

▸ 음악을 듣지 마십시오.

1 그림을 보고 문장을 완성하세요.

1)_____.

2)_____.

3)_____.

4)_____.

2 보기와 같이 대화를 완성하세요.

가: 내일 시험입니다. 걱정입니다.
나: <u>긴장하지 마십시오.</u> (긴장하다)

1) 가: 박물관에 갑니다.

　　나: _____. (먹다)

2) 가: 감기에 걸렸습니다.

　　나: _____. (마시다)

3) 가: 도서관입니다.

　　나: _____. (이야기하다)

4) 가: 수업시간입니다.

　　나: _____. (전화하다)

시험을 봅니다. 선생님의 말을 쓰세요.

보기 휴대폰을 보지 마십시오.

1) _____.

2) _____.

3) _____.

4) _____.

표현3
Expression 3

V-(으)ㄹ 수 있다/없다

| 받침 O | 을 수 있다/없다 | 먹을 수 있습니다 |
| 받침 X | ㄹ 수 있다/없다 | 마실 수 없습니다 |

▶ 저는 한국어를 할 수 있습니다.

▶ 제 친구는 한국 요리를 할 수 있습니다.

▶ 언니는 피아노를 칠 수 없습니다.

▶ 저는 떡볶이를 먹을 수 없습니다.

1 문장을 완성하세요.

1) 떡볶이를 _____.(먹다)

2) 테니스를 _____.(치다)

3) 공포 영화를 _____.(보다)

4) 영어 신문을 _____.(읽다)

2 보기와 같이 그림을 보고 문장을 쓰세요.

X <u>야구를 할 수 없습니다.</u>

1)

X _____.

2)

O _____.

3)

         X   _____.

4)

         O   _____.

 보기와 같이 대화를 완성하세요.

보기
    가: 피아노를 칠 수 있습니까?
    나: <u>저는 피아노를 칠 수 없습니다.</u>

1) 가: 수영을 할 수 있습니까?
   나: _____.

2) 가: 한국 노래를 부를 수 있습니까?
   나: _____.

3) 가: 한국 음식을 만들 수 있습니까?
   나: _____.

4) 가: _____?
   나: _____.

쓰기1
Writing 1

보기와 같이 규칙을 쓰세요.

하십시오	하지 마십시오
도서관에서는 조용히 하십시오.	도서관에서는 떠들지 마십시오.

하십시오	하지 마십시오
영화관에서는	영화관에서는

하십시오	하지 마십시오
기숙사에서는	기숙사에서는

여러분은 무엇을 할 수 있어요? 메모하세요.
아래의 표현을 반드시 한 번 이상 사용해야 해요.

1. V-(으)십시오
2. V-지 마십시오
3. V-(으)ㄹ수 있습니다
4. V-(으)ㄹ 수 없습니다

 나 (언어, 요리, 운동, 악기…)

할 수 있다	할 수 없다

2 친구

할 수 있다	할 수 없다

한국의 언어와 문화 기초편

띄어쓰기
Word Spacing

➕ 의존명사 1

> 화장실을 이용할 수 없습니다.
> 이용할 수 없습니다(O) 이용할수 없습니다(X)

▶1 띄어쓰기를 확인하세요.

화장실은∨공사∨중입니다.

보건실은∨이용할∨수∨있습니다.

교실에서∨담배를∨피울∨수∨없습니다.

▶2 의존명사에 주의해서 띄어쓰기 하세요.

1) 도로가공사중입니다.

2) 저는김치를먹을수없습니다.

3) 공연장에서전화를받을수없습니다.

4) 한국어를조금할수있습니다.

5) 아직운전은할수없습니다.

※ Read the following signs or notices and discuss with your classmates.

Which behavior is permitted or prohibited? Is that behavior permitted in your homeland?

1) 흡연(Smoking)

You can't smoke in the inside of building.	You can't smoke in the street. You have to use smoking booth when you want to smoke.	You can't smoke in the subway station or bus stop. The fine for smoking in station/bus stop is 100,000 won.
여러분 고향은 어떻습니까?		

2) 에스컬레이터(Escalator)

Don't walk on the escalator. Don't run on the escalator.	You need grab a handrail.	Please stand in 2 lows at the escalator.
여러분 고향은 어떻습니까?		

5장

이메일

공결 신청 때문에 메일을 드립니다.

**학습
목표**

읽기
Reading

받는사람: 이미정 교수님(mjlee@sejong.ac.kr)
제목: [한국의 언어와 문화 1_프엉] 4월 27일 공결 신청
첨부: 경영학과 행사 안내문

교수님, 안녕하세요. <한국의 언어와 문화 1> 수강생 22학번 프엉입니다.
공결 신청 때문에 이메일을 드립니다.

다음 주 4월 27일에 경영학과 행사가 있습니다. 아침에 시작하고 저녁에 끝납니다. 경영학과 행사 일정은 첨부파일에 있습니다.

경영학과 교수님과 학생들이 모두 행사에 참여합니다. 그래서 4월 27일에 교수님 수업을 들을 수 없습니다. 죄송하지만, 4월 27일 출석을 공결로 처리해 줄 수 있습니까? 부탁드립니다.

4월 27일 과제는 이메일로 제출하겠습니다. 감사합니다.

프엉 올림.

---

1. 누가 이메일을 썼습니까?
2. 4월 27일에 무엇을 합니까?
3. 과제를 어떻게 제출합니까?

어휘
Vocabulary

 대학생활

N학번	수강신청	수강생	과제를 제출하다	조별 모임
행사	행사 일정	행사가 시작되다	행사가 끝나다	행사에 참여하다
출석	결석	공결 신청	기숙사	룸메이트

 이메일

			받는 사람 이미정 교수님 [한국의 언어와 문화1_프엉] 4월 27일 공결 신청 교수님, 안녕하세요. 〈한국의 언어와 문화1〉 수강생 22학번 프엉입니다. 공결 신청 때문에 이메일을 드립니다.
이메일	받는 사람	보내는 사람	제목
첨부	첨부 첨부 첨부 첨부	Send	from, sincerely
첨부하다	첨부파일	보내다	올림

표현 1
Expression 1

N월 N일

1월	2월	3월	4월	5월	6월
일월	이월	삼월	사월	오월	유월
7월	**8월**	**9월**	**10월**	**11월**	**12월**
칠월	팔월	구월	시월	십일월	십이월

▶ 가: 오늘이 몇 월 며칠입니까?

　나: 칠월 삼일입니다.

▶ 가: 생일이 언제입니까?

　나: 유월 십사일입니다.

---

1 숫자를 보고 날짜를 쓰세요.

1) 4월 5일 _____.

2) 12월 24일 _____.

3) 6월 6일 _____.

4) 10월 19일 _____.

2 아래 달력을 보고 문장을 완성하세요. 오늘은 4월 20일입니다.

4월

1	2	3	4	5	6	7
	쇼핑			어린이대공원		청소
8	9	10	11	12	13	14
과제			영화			
15	16	17	18	19	20	21
	백화점	학교 행사			오늘	
22	23	24	25	26	27	28
29	30					

1) 언제 어린이대공원에 갔습니까? _____.

2) 언제 과제를 했습니까? _____.

3) 언제 학교 행사에 참여했습니까? _____.

4) 언제 쇼핑을 했습니까? _____.

5) 언제 영화를 봤습니까? _____.

3 보기와 같이 민정의 여름 방학 계획을 쓰세요.

7

월	화	수	목	금	토	일
11	12	13	14	15	16	17
18	19	20	21	22	23	24
25	26	27	28	29	30	31

보기   민정은 7월 18일에 친구와 바다에 갑니다.

1) _____.

2) _____.

3) _____.

표현 2
Expression 2

V-겠다

| 받침 O X | 겠다 | 읽겠습니다, 가겠습니다 |

▶ 제가 요리하겠습니다.

▶ 다시 연락하겠습니다.

▶ 동생과 싸우지 않겠습니다.

 보기와 같이 문장을 완성하세요.

　　　주말에 방을 <u>청소하겠습니다.</u> (청소하다)

1) 저녁을 먹고 _____. (운동하다)

2) 책을 _____. (읽다)

3) 이메일을 _____. (보내다)

4) 토요일에 산에 _____. (가다)

5) 이따가 _____. (설거지하다)

2 보기와 같이 대화를 완성하세요.

보기

가: 오늘 누가 요리합니까?

나: 제가 요리하겠습니다. (요리하다)

1) 가: 누가 읽습니까?

　나: _____. (읽다)

2) 가: 저는 청소하겠습니다. 민호 씨는 무엇을 하겠습니까?

　나: _____. (설거지하다)

3) 가: 오늘 또 지각했습니까?

　나: _____. (늦지 않다)

4) 가: 흐엉 씨가 오지 않습니다.

　나: _____. (전화하다)

3 여러분의 일정표입니다. 아래의 일정표를 보고 계획을 이야기해 보세요.

☐	화/목 7시 수영
☐	5월 10일 아르바이트
☐	5월 24일 도서관/ 영어공부
☐	6월 8일 혼자/ 경주 여행
☐	6월 27일 이사

_____

_____

_____

_____

_____

_____

_____

표현3
Expression 3

인사와 감사 표현

▶ 만남

안녕하세요. 처음 뵙겠습니다. 만나서 반갑습니다.

▶ 헤어짐

(손님 방문) 안녕히 가십시오. 안녕히 계십시오.

(집에서 나갈 때, 들어올 때) 다녀오겠습니다. 다녀왔습니다.

▶ 감사

감사합니다. 고맙습니다. / 아닙니다. 괜찮습니다.

 그림을 보고 인사를 쓰세요.

1) 만납니다.

2) 헤어집니다.

3) 집에서 나갑니다. / 들어옵니다.

한국의 언어와 문화 기초편

4) 처음 만납니다.

5) 감사합니다.

2 대화를 완성하세요.

1) 가: 안녕하세요. 처음 뵙겠습니다.

　　나: _____.

2) 가: 안녕히 가십시오.

　　나: _____.

3) 가: 선물 감사합니다.

　　나: _____.

4) 가: 죄송합니다. 늦었습니다.

　　나: _____.

3 보기와 같이 고마운 사람에게 인사를 쓰세요.

보기　저는 지난달에 한국에 왔습니다. 한국어를 잘 할 수 없습니다.

　　　　기숙사 룸메이트 미아 씨가 친절합니다. 저를 많이 도와주었습니다.

　　　　고마웠습니다.

_____

_____

_____

_____

_____

_____

쓰기1
Writing 1

보기와 같이 이메일을 쓰세요.

받는 사람: 다니엘
제목: 선물, 고맙습니다.

다니엘 씨, 안녕하세요. 저는 미오입니다. 지난주 생일에 선물을 잘 받았습니다. 사탕과 젤리가 정말 맛있었습니다. 내일 수업 시간에 우리나라의 과자를 가지고 가겠습니다. 정말 고맙습니다.

받는 사람	수업 친구
내용	조별 모임에 지각

받는 사람: _____

제목: _____

첨부: _____

_____

_____

_____

_____

_____

친한 친구에게 편지를 쓰세요.
아래의 표현을 반드시 한 번 이상 사용해야 해요.

1. N월 N일
2. V-겠다
3. 인사, 감사 표현

_____

_____

_____

_____

_____

_____

띄어쓰기
Word Spacing

 의존명사 2

> 공결 신청 때문에 연락 드립니다.
> 신청 때문에(O) 신청때문에(X)

1 띄어쓰기를 확인하세요.

시험 ∨ 때문에 ∨ 학교에 ∨ 갑니다.

친구 ∨ 때문에 ∨ 화가 ∨ 납니다.

수강신청 ∨ 때문에 ∨ PC방에 ∨ 갑니다.

2 의존명사에 주의해서 띄어쓰기 하세요.

1) 사람들때문에학교가복잡합니다.

2) 감기때문에어제숙제를하지않았습니다.

3) 시험때문에스트레스를받습니다.

4) 공사때문에불을켤수없습니다.

5) 퇴근시간이기때문에길이막힙니다.

※ There're so many kinds of bowing. You should use different bowing depending on the opponents.

1) To your friends

Raise your hand to say hello.

hello : 안녕?
good bye : 잘 가!

2) To professor or elders

You need to bend your back when you say hello.

hello : 안녕하세요? 안녕하십니까?
good bye : 안녕히 가십시오, 안녕히 계십시오

3) In the workplace

When you say hello to your superior or boss, you have to bend your back and head.
In about meeting, handshake is permitted.

hello : 안녕하십니까? 안녕하세요, ○○입니다.

※ How do you say hello in your homeland? Discuss about that with your classmates.

6장

대학생활과 미래

수업을 열심히 듣고 취업 준비도 할 것입니다.

읽기
Reading

SEJONG NEWS

-학생 인터뷰: 컴퓨터공학과 나디아 학생을 만났습니다-

나디아 학생(컴퓨터공학과·22학번)은 한국의 문화가 좋아서 세종대학교에 입학한 유학생입니다. 오늘 나디아 씨와 인터뷰를 했습니다.

Q. 왜 세종대학교 컴퓨터공학과에 입학했습니까?

A. 고향에서 한국 드라마를 자주 보고 한국 노래도 자주 들었습니다. 그리고 컴퓨터 프로그래밍도 좋아해서 고향에서 프로그래밍도 배웠습니다. 한국에서 컴퓨터공학을 배우고 싶어서 세종대학교를 선택했습니다.

Q. 지금 무엇이 힘들고, 미래에 무엇을 하고 싶습니까?

A. 한국어가 어려워서 대학생활이 조금 힘듭니다. 그래서 올해부터 내년까지 한국어를 열심히 공부할 것입니다. 졸업을 하고 한국 회사에서 일하고 싶습니다. 컴퓨터공학과 수업을 열심히 듣고 취업 준비도 할 것입니다.

---

1. 나디아 씨의 전공은 무엇입니까?
2. 나디아 씨는 무엇을 좋아합니까?
3. 나디아 씨는 미래에 무엇을 할 것입니까?

어휘
Vocabulary

 대학 생활

입학하다	졸업하다	중간고사 기말고사	장학금을 받다	동아리에 가입하다

 취업

취업/취직	취업을 준비하다	회사에 지원하다	인터뷰
합격하다	인턴쉽	일하다	외국어 공부

 서류

졸업 증명서	성적 증명서	이력서	자기소개서	포트폴리오

표현1
Expression 1

N부터 N까지

시간N	부터	어제부터
시간N	까지	오늘까지

▶ 아침부터 저녁까지 도서관에서 공부를 했습니다.

▶ 9월 20일부터 9월 24일까지 추석 연휴입니다.

▶ 아홉 시부터 열 시 삼십 분까지 전공 수업이 있습니다.

 보기와 같이 그림을 보고 문장을 완성하세요.

열 시부터 여섯 시까지 운영합니다.

1)

점심시간
12:00~13:00

_____ 점심시간입니다.

2)

_____ 콘서트입니다.

3)

SALE
11.13~11.29

_____ 세일을 합니다.

4)

_____ 축제를 합니다.

2 보기와 같이 대화를 완성하세요.

보기
가: 과제 제출 기간이 언제입니까?
나: 이번 주 목요일부터 다음 주 수요일까지입니다.

1) 가: 방학은 언제입니까?
   나: _____.

2) 가: 중간고사는 언제입니까?
   나: _____.

3) 가: 언제부터 한국어 공부를 했습니까?
   나: _____.

4) 가: 서울의 어디부터 구경하고 싶었습니까?
   나: _____.

3 보기와 같이 대화를 완성하세요.

보기
가: 그 영화는 몇 시부터 시작합니까?
나: 일곱 시부터 시작합니다.

1) 가: 몇 시까지 학교에 옵니까?
   나: _____.

2) 가: 언제부터 한국에 살았습니까?
   나: _____.

3) 가: 언제까지 한국에 있습니까?
   나: _____.

4) 가: 어제 몇 시부터 몇 시까지 공부를 했습니까?
   나: _____.

V/A -아/어서

ㅏ, ㅗ O	아서	가서, 와서
ㅏ, ㅗ X	어서	먹어서, 예뻐서
하다	여서	좋아해서, 운동해서

▷ 낮에 잠을 많이 자서 밤에 잠이 안 옵니다.

▷ 수업이 있어서 학교에 갑니다.

▷ 운동을 좋아해서 자주 합니다.

 보기와 같이 문장을 완성하세요.

청소를 했습니다. 방이 깨끗합니다.
→ 청소를 해서 방이 깨끗합니다.

1) 머리가 아픕니다. 약국에 갑니다.

→ _____.

2) 비가 내립니다. 날씨가 춥습니다.

→ _____.

3) 지각입니다. 택시를 탑니다.

→ _____.

4) 한국에서 일하고 싶습니다. 한국어 공부를 합니다.

→ _____.

2 알맞은 것을 연결하고 문장을 완성하세요.

1) 한국어가 어렵습니다. •   • 죄송합니다.

2) 늦었습니다. •   • 기간에 맞춰 지원합니다.

3) 인턴쉽을 모집합니다. •   • 더 열심히 공부합니다.

4) 외국어에 관심이 많습니다. • • 동아리에 가입했습니다.

1) _____.

2) _____.

3) _____.

4) _____.

3 문장을 완성하세요.

1) 방학이어서 _____.

2) 시험이 있어서 _____.

3) _____ 세종대학교에 왔습니다.

4) _____ 한국어를 공부합니다.

표현3
Expression 3

V-(으)ㄹ 것이다

받침 O	을 것이다	먹을 것이다
받침 X	ㄹ 것이다	만날 것이다

▶ 오늘 밤에 친구 집에 있을 것입니다.

▶ 내일 서점에서 책을 살 것입니다.

▶ 방학에 서울에서 여행할 것입니다.

 보기와 같이 문장을 완성하세요.

  오늘 저녁, 도서관에 가다.

→ 오늘 저녁에 도서관에 갈 것입니다.

1) 일요일, 친구와 한국 음식을 만들다.

→_____.

2) 다음 주 토요일, 속초에 여행을 가다.

→_____.

3) 여름 방학, 한국어 듣기 공부를 하다.

→_____.

4) 내년, 한국에서 한국어를 배우다.

→_____.

2 보기와 같이 대화를 완성하세요.

보기 가: 이번 학기에 무슨 수업을 들을 것입니까?
나: 저는 경영학 개론을 들을 것입니다.

1) 가: 언제 고향에 돌아갈 것입니까?
   나: _____.

2) 가: 내일도 운동을 할 것입니까?
   나: _____.

3) 가: 졸업을 하면 무엇을 할 것입니까?
   나: _____.

4) 가: 이번 방학에 무엇을 할 것입니까?
   나: _____.

3 보기와 같이 나의 주말 계획을 쓰세요.

보기 저는 이번 주말에 동아리 친구들과 봉사활동을 갈 것입니다.

	언제	누구와	무엇을
1)			
2)			

1) _____.

2) _____.

여러분은 왜 한국어를 공부합니까? 언제부터 한국어 공부를 시작했습니까?
여러분이 한국어를 공부하는 이유를 쓰세요.

한국어 공부 기간	한국어 공부 이유
작년 3월부터 지금까지	한국 문화를 좋아해서 K-POP을 좋아해서

_____

_____

_____

_____

쓰기 2
Writing 2

여러분의 미래 계획은 무엇입니까? 여러분의 계획을 쓰세요.

기간	무엇을	어떻게
7월부터 8월까지	운전면허 합격	운전면허 학원 등록
졸업 후부터 취직까지	한국 회사 인턴	토픽 6급 합격 전공 공부 열심히

_____

_____

_____

친구들의 미래 계획은 무엇일까요? 친구들의 계획에 대해 질문하고, 쓰세요.

친구 이름	기간	무엇을	어떻게

_____

_____

_____

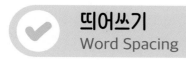

띄어쓰기
Word Spacing

➕ 의존명사 3

> 내일부터 한국어를 공부할 것입니다.
> 공부할 것입니다(O) 공부할것입니다(X)

▶ 1 띄어쓰기를 확인하세요.

다음∨주부터∨아르바이트를∨할∨것입니다.

내일부터∨도서관에∨갈∨것입니다.

이번∨방학에∨고향에∨갈∨것입니다.

▶ 2 의존명사에 주의해서 띄어쓰기 하세요.

1) 배가고파서식당에갈것입니다.

2) 오늘부터한국음악을들을것입니다.

3) 6시부터7시까지운동을할것입니다.

4) 시험을잘쳐서장학금을받을것입니다.

5) 돈을모아서배낭여행을갈것입니다.

🔍 문화 Tip | 세종 소식

※ You can read the Web-magazine 〈세종 소식〉 in the Sejong university's website. Read the magazine with your classmates and write the memo.

<세종 소식>

http://www.sejongpr.ac.kr/sejongwebzinenewspaperlist.do

※ ENG ver. is available!

1)

제목	
내용	

2)

제목	
내용	

7장

공지사항

장학금 신청서와 자기소개서를 제출하십시오.

읽기
Reading

[경영학과-경영학의 이해 휴강] - 5월 25일 수요일 10:00 AM
경영학과 사무실입니다. 오늘 김지현 교수님께서 편찮으셔서 학교에 오시지 못합니다. 오늘 [경영학의 이해] 수업을 휴강합니다. 김지현 교수님께서 이메일을 보내실 것입니다. 이메일을 확인하십시오.

[학생지원처-장학금 신청] - 5월 27일 화요일 12:00 PM
학생지원처입니다. 5월 28일부터 6월 2일까지 장학금 신청을 받습니다. 장학금 신청서와 자기소개서를 제출하십시오. 5월 30일 오후 4시까지 학생지원처로 제출해야 합니다.

[시설과-강의실 안내] - 5월 30일 금요일 10:30 AM
세종대학교 시설과입니다. 현재 비가 많이 내리고 있습니다. 창문을 닫지 않아서 강의실에 비가 들어오고 있습니다. 교수님과 학생 분들은 수업 후에 창문을 닫으십시오.

1. 왜 김지현 교수님은 학교에 오시지 못합니까?
2. 장학금 신청서를 언제까지 제출해야 합니까?
3. 오늘 날씨는 어떻습니까?

어휘
Vocabulary

 대학

강의실	사무실	공지사항
학생증	과대표	체육대회
휴강	보강	신청서

➕ 부서

수업과	성적 증명서	인권/성평등센터	인권/성평등 상담
학적과	성적	진로취업지원센터	취업 상담
입학과	대학교 입학	대외협력과	유학생 지원
학생지원과	장학금, 학생지원	학술정보실	도서관
학생생활상담소	학생 상담	보건실	약, 치료

➕ 자기소개서

자기소개서

1. 목표		
2. 지원 동기		
3. 성격	장점	단점
4. 장래희망		
5. 학업/직장 생활 계획		

표현1
Expression 1

V-고 있다

| 받침 O X | 고 있다 | 먹고 있습니다 |

- 한국어 수업을 듣고 있습니다.
- 커피를 마시고 있습니다.
- 수영을 하고 있습니다.
- 어제 자고 있었습니다.

 보기와 같이 그림을 보고 문장을 완성하세요.

보기

운전을 하고 있습니다.

1)

_____.

2)

_____.

3)

_____.

4)

_____.

2 보기와 같이 대화를 완성하세요.

가: 다니엘 씨가 무엇을 하고 있습니까?
나: <u>도서관에서 공부를 하고 있습니다.</u>

1) 가: 사라 씨가 무엇을 하고 있습니까?

나: _____. (기숙사, 잠을 자다)

2) 가: 엘 씨는 무엇을 하고 있습니까?

나: _____. (친구, 전화를 하다)

3) 가: 프엉 씨는 어디에 있습니까?

나: _____. (도서관, 책을 빌리다)

4) 가: 은지 씨가 무엇을 하고 있습니까?

나: _____. (카페, 커피를 마시다)

3 보기와 같이 대화를 완성하세요.

가: 앞 친구는 무엇을 하고 있습니까?
나: <u>핸드폰을 보고 있습니다.</u>

1) 가: 여러분은 지금 무엇을 하고 있습니까?

나: _____.

2) 가: 어제 오후 9시에 무엇을 하고 있었습니까?

나: _____.

3) 가: 옆 친구는 지금 무엇을 하고 있습니까?

나: _____.

4) 가: 오늘 아침 7시에 무엇을 하고 있었습니까?

나: _____.

표현2
Expression 2

존대표현

받침 O	으시	읽으십니다
받침 X	시	가십니다

먹다, 마시다	드십니다
있다	계십니다
자다	주무십니다
아프다	편찮으십니다
있다	있으시다

이름	성함
말	말씀
사람	분
집	댁
생일	생신

이/가	께서
은/는	께서는

▶ 아버지께서 매일 회사에 가십니다.

▶ 교수님께서 말씀을 하십니다.

▶ 부모님 댁에 할아버지께서 계십니다.

▶ 할머니께서는 주무십니다.

1 보기와 같이 문장을 완성하세요.

선생님, 신문을 읽다
　　→ <u>선생님께서 신문을 읽으십니다.</u>

1) 할머니, 커피를 마시다

　→ _____.

2) 아버지, 자다

　→ _____.

3) 할머니, 운동하다

　→ _____.

4) 선생님, 한국어를 가르치다

　→ _____.

2 보기와 같이 맞으면 O, 틀리면 X 하세요.

교수님께서 음악을 듣습니다.　　　　　　(　X 　)

1) 아버지 나이가 어떻게 됩니까?　　　　　　　(　　)

2) 내일 할머니 집에 갈 것입니다.　　　　　　　(　　)

3) 교실에 교수님이 있습니까?　　　　　　　　 (　　)

4) 저하고 어머니는 식당에서 밥을 드시지 않았습니다.　(　　)

3 틀린 것을 골라서 바르게 고치세요.

제 이름은 소우입니다. 저는 발리에서 왔습니다. 부모님은 발리에 있습니다. 여름 방학에 부모님이 한국에 올 것입니다. 여동생도 같이 오십니다. 부모님은 한국에 처음 옵니다. 여동생은 한 번 오셨습니다. 부모님은 한국의 전통 문화에 관심이 많습니다. 부모님은 불고기를 좋아합니다. 여름 방학에 부모님과 여동생과 즐겁게 여행을 할 것입니다.

_____

_____

_____

_____

 ## 표현3
Expression 3

V/A-아/어야 하다

ㅏ,ㅗ O	아야 하다	가야 합니다
ㅏ,ㅗ X	어야 하다	커야 합니다
하다	여야 하다	운동해야 합니다

▶ 매일 운동해야 합니다.

▶ 농구선수는 키가 커야 합니다.

▶ 영화가 시작되기 전에 자리에 앉아야 합니다.

가수는 노래를 잘 불러야 합니다.

1)

비행기 조종사는 _____.

2)

경찰은 _____.

3)

축구선수는 _____.

4)

영화배우는 _____.

2 보기와 같이 문장을 완성하세요.

보기   쓰레기는 <u>쓰레기통에 버려야 합니다.</u> (쓰레기통에 버리다)

1) 공연장에서 _____. (휴대 전화를 끄다)

2) 장학금 신청서와 _____. (학생증이 있다)

3) 도서관에서는 _____. (조용히 하다)

4) 비가 많이 오니까 _____. (우산이 있다)

3 공공장소에서는 어떻게 해야 합니까?

공공장소 규칙

1) 미술관에서는 조용히 감상해야 합니다.

2)

3)

4)

쓰기 1
Writing 1

나의 한국 생활을 부모님께 설명하세요.

1. 요즘 무엇을 하고 있습니까?
2. 한국 생활은 어떻습니까?
3. 한국 생활에서 무엇을 지켜야 합니까?

_____

_____

_____

_____

_____

_____

_____

나는 과대표입니다. 다음 주에 체육대회가 있습니다. 공지사항을 쓰세요.
아래의 표현을 반드시 한 번 이상 사용해야 해요.

1. V-고 있다
2. V/A-아어야 하다
3. 존대표현

_____

_____

_____

_____

_____

_____

_____

_____

띄어쓰기
Word Spacing

➕ 조사 3

교수님이 학교에 오시지 못합니다.
오시지(O) 오 시지(X)

▶1 띄어쓰기를 확인하세요.

아버지께서 ∨ 회사에 ∨ 가십니다.
교수님께서 ∨ 휴강을 ∨ 하셨습니다.
할아버지께서 ∨ 식사를 ∨ 하실 ∨ 것입니다.

▶2 조사에 주의해서 띄어쓰기 하세요.

1) 할머니께서주무십니다.

2) 아버지께서한국영화를보십니다.

3) 부모님께서는김치를드시지못합니다.

4) 다음주에어머니께서한국에오십니다.

5) 할아버지께서는미국에계십니다.

문화 Tip | 자기소개서

※ We have to write cover letter when we apply scholarship or get a job.
  Which contents do we have to write in the cover letter? Let's discuss with classmates.

1) 여러분 고향에서는 자기소개서를 어떻게 씁니까?

장학금을 신청하고 싶습니다.	취업을 할 것입니다.

2) 한국의 자기소개서 스타일

장학금을 신청하고 싶습니다.	취업을 할 것입니다.
1. My Object	1. Reason for application
2. My future plan	2. Characteristic
3. Reason for scholarship	3. Pros and Cons
4. Plan on studying	4. Plan on working

3) 한국 회사에서 일하고 싶습니다. 자기소개서에 무엇을 쓸 것입니까? 메모해 봅시다.

8장

방학 계획

방학이 끝나기 전에 여행을 많이 하고 싶습니다.

읽기
Reading

지난주에 기말고사를 봤습니다. 방학이 되었습니다.
친구들은 고향에 돌아갔습니다. 그러나 저는 한국에서 방학을 보내고
싶어서 고향에 돌아가지 않았습니다.

어제는 친구와 경복궁에 갔습니다. 경복궁을 구경한 후에 근처 식당에서
밥을 먹었습니다.

오늘은 노아 씨와 같이 공항에 갔습니다. 노아 씨는 오늘 고향에 돌아갑니다.
그래서 공항에서 이야기를 한 후에 인사를 했습니다.

내일은 수영장에서 수영을 배울 것입니다. 다음 달에 바다에 갈 것입니다.
그런데 수영을 잘 하지 못해서 걱정입니다. 그래서 바다에 가기 전에 수영
을 배울 것입니다

다음 주에는 설악산에 갈 것입니다. 4월부터 6월까지 바빠서 산에 가지 못
했습니다. 다음 주에 설악산을 구경하고 싶습니다.

방학이 끝나기 전에 여행을 많이 하고 싶습니다.

---

1. 어제 무엇을 했습니까?
2. 노아 씨는 어디에 갔습니까?
3. 다음 주에 무엇을 할 것입니까?

어휘
Vocabulary

 미래

Now						Future
오늘	내일	모레	다음 주	다음 달	내년	10년 후

 사계절

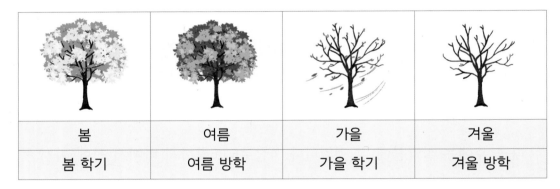

봄	여름	가을	겨울
봄 학기	여름 방학	가을 학기	겨울 방학

➕ 여행

버스/기차/ 비행기 표	표를 예매하다	여권/비자를 신청하다	숙소	호텔
펜션	숙소를 예약하다	교통카드	경치를 구경하다	

표현 1
Expression 1

V-지 못하다

| 받침 O X | 지 못하다 | 가지 못합니다, 먹지 못합니다 |

▶ 저는 수영을 하지 못합니다.

▶ 저는 김치를 먹지 못합니다.

▶ 일요일에는 도서관을 이용하지 못합니다.

 보기와 같이 그림을 보고 문장을 완성하세요.

보기

저는 담배를 피우지 못합니다.

1)

저는 _____.

2)

저는 한국 노래를 _____.

3)

생선회를 _____.

4)

톰은 _____.

2 알맞은 것을 연결하고 문장을 완성하세요.

1) 공연장에서 •   • 전화를 하지 못하다.

2) 비행기에서 •   • 음료수를 마시지 못하다.

3) 교실에서 •   • 사진을 찍지 못하다.

4) 버스에서 •   • 음식을 먹지 못하다.

1) _____.

2) _____.

3) _____.

4) _____.

3 보기와 같이 문장을 완성하세요.

(보기)   김치찌개는 너무 매워서 <u>먹지 못합니다</u>.

1) 내일이 시험이어서 _____.

2) 저는 스케이트를 탈 수 있지만 동생은 _____.

3) 겨울에 한강에서는 _____.

4) 어제 아파서 _____.

표현 2
Expression 2

V-(으)ㄴ 후에

받침 O	은 후에	먹은 후에
받침 X	ㄴ 후에	간 후에

▶ 밥을 먹은 후에 커피를 마셨습니다.

▶ 텔레비전을 본 후에 숙제를 했습니다.

▶ 샤워를 한 후에 잠을 잤습니다.

 보기와 같이 문장을 완성하세요.

    수업이 끝나다, 친구를 만나다.
     → 수업이 끝난 후에 친구를 만납니다.

1) 쇼핑을 하다, 커피를 마시다.

   →_____.

2) 비행기 표를 예매하다, 숙소도 예약하다.

   →_____.

3) 수업이 끝나다, 교수님께 질문을 하다.

   →_____.

4) 아르바이트를 하다, 친구를 만나다.

   →_____.

2 보기와 같이 그림을 보고 문장을 완성하세요.

 보기

손을 씻은 후에 밥을 먹습니다.

1)

_____.

2)

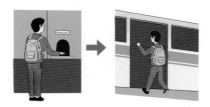

_____.

3)

_____.

4)

_____.

 보기와 같이 대화를 완성하세요.

  가: 밥을 먹은 후에 무엇을 합니까?
　　　　　나: 저는 밥을 먹은 후에 커피를 마십니다.

1) 보통 수업이 끝난 후에 무엇을 합니까?

　_____

2) 오늘 저녁밥을 먹은 후에 무엇을 할 것입니까?

　_____

3) 시험이 끝난 후에 무엇을 하고 싶습니까?

　_____

4) 졸업을 한 후에 무엇을 하고 싶습니까?

　_____.

표현3
Expression 3

> **V-기 전에**

받침 O X	기 전에	먹기 전에, 가기 전에

- ▶ 밥을 먹기 전에 손을 씻습니다.
- ▶ 잠을 자기 전에 책을 읽습니다.
- ▶ 수영을 하기 전에 준비운동을 합니다.

1 보기와 같이 문장을 완성하세요.

친구 집에 가다, 전화를 하다.
→ <u>친구 집에 가기 전에 전화를 합니다.</u>

1) 시험 공부를 하다, 시험 범위를 확인하다.

　→＿＿＿＿＿＿＿＿＿＿＿＿＿＿＿＿＿＿＿＿＿＿＿.

2) 여행을 계획하다, 방학 날짜를 확인하다.

　→＿＿＿＿＿＿＿＿＿＿＿＿＿＿＿＿＿＿＿＿＿＿＿.

3) 버스에서 내리다, 하차 벨을 누르다.

　→＿＿＿＿＿＿＿＿＿＿＿＿＿＿＿＿＿＿＿＿＿＿＿.

4) 수영을 하다, 준비 운동을 하다.

　→＿＿＿＿＿＿＿＿＿＿＿＿＿＿＿＿＿＿＿＿＿＿＿.

보기와 같이 그림을 보고 문장을 완성하세요.

샤워를 하기 전에 이를 닦습니다.

1)

_____.

2)

_____.

3)

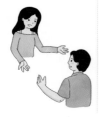

_____.

4)

_____.

보기와 같이 대화를 완성하세요.

 가: 집에서 나가기 전에 무엇을 합니까?
나: 집에서 나가기 전에 불을 끕니다.

1) 잠을 자기 전에 무엇을 합니까?

   _____.

2) 보통 학교에 오기 전에 무엇을 합니까?

   _____.

3) 한국에 오기 전에 무엇을 했습니까?

   _____.

4) 고향에 돌아가기 전에 무엇을 하고 싶습니까?

   _____.

여러분은 한국에서 여행을 했습니까?
여행을 다녀온 후 여행 감상문을 쓰세요.

일정	장소	행동과 느낌
지난주 주말	제주도	한라산에 올라갔습니다. 힘들었지만 경치가 정말 좋았습니다.

_____

_____

_____

_____

_____

_____

_____

쓰기 2
Writing 2

여러분의 방학 계획은 무엇입니까? 여러분의 계획을 쓰세요.
아래의 표현을 반드시 한 번 이상 사용해야 해요.

1. V-지 못하다
2. V-(으)ㄴ 후에
3. V-기 전에

친구들의 방학 계획은 무엇입니까?
친구들의 계획에 대해 질문하고, 쓰세요.

친구 이름	계획

한국의 언어와 문화 기초편

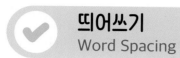

띄어쓰기
Word Spacing

➕ **명사**

> **밥을 먹은 후에**
> 먹은 후에 (O) 먹은후에 (X)
> **학교에 가기 전에**
> 가기 전에 (O) 가기전에 (X)

▶ **띄어쓰기를 확인하세요.**

학교에 ∨ 가기 ∨ 전에 ∨ 커피를 ∨ 샀습니다.

이번 ∨ 학기가 ∨ 끝난 ∨ 후에 ∨ 고향에 ∨ 돌아갈 ∨ 것입니다.

친구를 ∨ 만나기 ∨ 전에 ∨ 도서관에서 ∨ 책을 ∨ 빌렸습니다.

▶ **명사에 주의해서 띄어쓰기 하세요.**

1) 사람들이집에오기전에청소를했습니다.

2) 개강하기전에봉사활동을할것입니다.

3) 오늘수업이끝난후에친구와명동에갈것입니다.

4) 방학동안에먼저토픽공부를한후에여행을가고싶습니다.

5) 방학이끝나기전에여기저기여행을가고싶습니다.

※ What will you do in vacation? How about Korean university students?
Let's find out Korean's vacation life.

Study for certificate/license
- Foreign language test: TOEFL, OPIC, HSK, JLPT...
- Computer certificate: 컴퓨터활용, MOS, GTQ...
- Examinination for Korean history

Part time job
- Many students do part time job in the cafe, restaurant, convenience store, or shop.
- Some students do private lesson to middle/ high school students.

Tour
- They travel domestic cities by taking bus or train.
- Some students travel aborad after saving money by part time job.

여러분은 방학에 무엇을 할 것입니까?

9장

강의 오리엔테이션

이 수업은 외국인 유학생을 위한 수업입니다.

학습 목표	
	☆ **표현:** -(으)면, -기 때문에, -(으)ㅁ
	☆ **읽기:** 강의 오리엔테이션 읽기
	☆ **띄어쓰기:** 의존명사 4
	☆ **문화 Tip:** KOCW

읽기
Reading

여러분 안녕하세요. 모두 반갑습니다.

저는 이번 학기 한국의 언어와 문화 수업 교수 이한선입니다.

먼저 이 수업은 외국인 유학생을 위한 수업이고, 한국어 초급 수준입니다.

이 수업이 너무 쉬우면 중급 수준의 수업을 들어야 합니다.

시험은 중간고사와 기말고사 두 번이 있습니다. 과제도 두 번 있습니다.

그리고 이번 학기에 8번 이상 결석하면 FA입니다.

이 강의는 외국인 유학생을 위한 강의이기 때문에 한국 학생은 들을 수 없습니다. 만약 한국 학생이 있으면 수강 변경 기간에 변경해야 합니다.

혹시 질문이 있으면 이메일로 질문하십시오.

1. 무엇을 하는 시간입니까?
2. 누구를 위한 수업입니까?
3. 수강 정정 기간은 언제입니까?

어휘
Vocabulary

 ## 대학 강의

1~16주차	오리엔테이션	과목명	강의 대상	강의를 변경하다
출석/결석	강의 자료	조별 과제/팀플	보고서를 작성하다	과제를 업로드하다
평가 방법	퀴즈	중간/기말시험	집현캠퍼스	유체크 (U-Check)

외국어 공부

수준	초급	중급	고급

공부			
	발음	어휘	문법

표현 1
Expression 1

V/A-(으)면

받침 O	으면	먹으면, 많으면
받침 X	면	보면, 건강하면

▷ 밥을 빨리 먹으면 체합니다.

▷ 돈이 많으면 무엇을 하고 싶습니까?

▷ 질문이 있으면 연락하십시오.

▷ 책을 펴면 잠이 옵니다.

▷ 몸이 건강하면 다 할 수 있습니다.

 보기와 같이 문장을 완성하세요.

수업이 쉽다. 중급 수업을 듣다.
→ 수업이 쉬우면 중급 수업을 들어야 합니다.

1) 열심히 공부하다. 시험을 잘 보다.

→ _____.

2) 오늘 시간이 없다. 다음에 만나다.

→ _____.

3) 영화를 보고 싶다. 나에게 연락하다.

→ _____.

4) 시험이 끝나다. 하루 종일 잠을 자다.

→ _____.

▶ 2 보기와 같이 문장을 완성하세요.

보기　　　_A+를 받으면_ 장학금을 받을 수 있습니다.

1) _____ 변경 기간에 변경 신청을 하십시오.

2) _____ 수강신청을 할 수 없습니다.

3) _____ 발음이 좋아질 수 있습니다.

4) _____ 점수를 받을 수 없습니다.

5) _____ 무엇을 하고 싶습니까?

▶ 3 다음의 질문을 보고 나의 방법을 쓰세요.

1) 어떻게 하면 밤에 잠을 잘 잘 수 있습니까?

2) 어떻게 하면 한국어를 잘 할 수 있습니까?

3) 어떻게 하면 지각하지 않을 수 있습니까?

1) _____

_____

2) _____

_____

3) _____

_____

표현 2
Expression 2

V/A-기 때문에

받침 O, X	기 때문에	가기 때문에 어렵기 때문에

▶ 수업이 끝나면 아르바이트를 하기 때문에 시간이 없습니다.

▶ 조금 전에 약을 먹었기 때문에 술을 마실 수 없습니다.

▶ 수업이 어렵기 때문에 변경 신청을 해야 합니다.

▶ 열심히 노력하면 좋은 성적을 받을 수 있기 때문에

노력해야 합니다.

▶ 이 수업은 한국어 수업이기 때문에 한국어로 시험을 봅니다.

1 보기와 같이 문장을 완성하세요.

수업이 어렵다. 변경 신청을 해야 하다.

→ 수업이 어렵기 때문에 변경 신청을 해야 합니다.

1) 교수님이 재미있다. 수업이 인기가 많다.

→ _____.

2) 나는 팀플을 싫어하다. 다른 수업을 수강하다.

→ _____.

3) 한국에 오늘 도착하다. 시차 적응이 되지 않는다.

→ _____.

4) 이 수업은 과제가 많다. 시간이 많이 필요하다.

→ _____.

2 보기와 같이 맞는 것에 ⬭ 하고 문장을 완성하세요.

보기   이 수업은 한국어 수업 / 한국어로 수업하다.(때문에 /(이기 때문에))
      → 이 수업은 한국어 수업이기 때문에 한국어로 수업합니다.

1) 개강 첫 주 / 수업에 대해 안내하다   (때문에 / 이기 때문에)

→ _____.

2) 조별 과제 / 밤을 새우다   (때문에 / 이기 때문에)

→ _____.

3) 어제는 공휴일 / 수업이 다 휴강하다   (때문에 / 이기 때문에)

→ _____.

4) 유체크 오류 / 출석이 표시되지 않다   (때문에 / 이기 때문에)

→ _____.

3 왜 아래 수업을 수강할 수 없습니까? 이유를 쓰십시오.

수업	과목명: 한국어와 한국학
	수강 대상: 세종대학교 졸업생
	시간: 토, 일 09:00-12:00

_____

_____

_____

표현3
Expression 3

V/A-(으)ㅁ

받침 O	음	먹음, 많음
받침 X	ㅁ	봄, 건강함

▶ 한국 학생은 이 수업을 들을 수 없음.

▶ 학생 수가 많음.

▶ 이 영화를 봄.

▶ 수강 변경 기간에 변경해야 함.

 보기와 같이 문장을 완성하세요.

　　　한국 학생은 이 수업을 들을 수 없습니다.

　→ <u>한국 학생은 이 수업을 들을 수 없음.</u>

1) 첫 수업에서는 강의 오리엔테이션을 합니다.

　→ _____.

2) 이 수업은 기말시험이 없습니다.

　→ _____.

3) 온라인으로 퀴즈를 봐야 합니다.

　→ _____.

4) 수업 자료를 집현캠퍼스에 업로드했습니다.

　→ _____.

2 아래의 글을 읽고 간단히 메모하세요.

> 안녕하세요. 저는 이번 학기 '미디어속한국문화' 수업을 맡은 장유안 교수입니다. 이 수업의 대상은 한국어 중급 수준의 학생입니다. 수업 시간은 매주 금요일 12시부터 15시까지입니다. 평가 방법은 시험과 과제, 그리고 퀴즈입니다. 먼저 시험은 중간시험과 기말시험을 모두 봅니다. 과제는 보고서를 두 편 작성해야 합니다. 그리고 6주와 13주차에 퀴즈도 볼 것입니다.

1) 과 목 명: _____

2) 대   상: _____

3) 수업시간: _____

4) 평가방법: _____

　_____

3 옆 사람에게 질문하세요. 그리고 대답을 메모하세요.

(?) 무슨 수업을 듣습니까? 수업을 소개해 주세요.
이번 학기 계획은 무엇입니까?

1) _____

_____

2) _____

_____

쓰기 1
Writing 1

<보기>와 같이 메모하고 수업을 소개하는 글을 쓰세요.

보기

한국어 초급 수준
- 외국인 유학생을 위한 수업이기 때문에 한국 학생은 들을 수 없음.
- 8번 이상 출석하면 FA임.
- 한국 학생은 수강 정정 기간에 변경해야 함.

이 수업은 외국인 유학생을 위한 수업이고, 한국어 초급 수준입니다. 이 수업이 너무 쉬우면 중급 수준의 수업을 들어야 합니다. 시험은 중간고사와 기말고사 두 번이 있습니다. 과제도 두 번 있습니다. 그리고 이번 학기에 8번 이상 결석하면 FA입니다. 이 강의는 외국인 유학생을 위한 강의이기 때문에 한국 학생은 들을 수 없습니다. 만약 한국 학생이 있으면 수강 변경 기간에 변경해야 합니다.

NOTICE

이번 학기에 수강하는 수업에 대해 쓰십시오.
아래의 표현을 반드시 한 번 이상 사용해야 합니다.

---

1. V/A-(으)면
2. V/A-기 때문에
3. V/A-(으)ㅁ

_____

_____

_____

_____

_____

_____

_____

_____

_____

_____

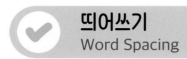

띠어쓰기
Word Spacing

➕ 의존명사 4

> 유학생을 위한 강의이기 때문에
>
> 강의이기 때문에(O)   강의이기때문에(X)

▶1 **띠어쓰기를 확인하세요.**

사람들이 ∨ 많기 ∨ 때문에 ∨ 조심해야 ∨ 합니다.

인터넷으로 ∨ 접수를 ∨ 해야 ∨ 하기 ∨ 때문에 ∨ PC방에 ∨ 갑니다.

비가 ∨ 많이 ∨ 오기 ∨ 때문에 ∨ 체육대회가 ∨ 취소되었습니다.

▶2 **의존명사에 주의해서 띠어쓰기 하세요.**

1) 8번이상결석했기때문에FA입니다.

2) 한국학생이기때문에이수업을들을수없습니다.

3) 궁금한점이있기때문에연락을했습니다.

4) 편의점은비싸기때문에시장에자주갑니다.

5) 학생들이대회에참여하고싶어하기때문에빨리신청해야합니다.

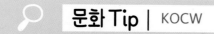

※ You can take academic on-line lecture in the KOCW. Let's visit the website of KOCW.

KOCW = Korean OpenCourseWare (served by KERIS, started 2007)

☐ www.kocw.net

There are so many lectures that were made by university professors.

Some lectures have subtitles.
Go to the '자막제공강의' tab.

Of course there are lectures that are conducted by English.
Go to the 'Lectures in English' tab.

10장

유학생활

처음에 한국에 왔을 때는 너무 힘들었습니다.

읽기
Reading

저는 6개월 전에 한국에 왔습니다. 처음에 한국에 왔을 때는 한국어도 모르고 친구도 없어서 너무 힘들었습니다. 친구가 없어서 식당에서 밥을 먹을 때나 수업을 들을 때 혼자였습니다. 하지만 동아리에 가입하고 나서 친구들을 많이 사귀었습니다. 지금은 한국 친구들도 많고 다른 나라 친구들도 많습니다. 친구들과 매주 주말에 한강에서 배드민턴도 치고, 영화도 봤습니다. 그때부터 점점 한국 생활이 재미있어졌습니다.

요즘은 매일 저녁을 먹고 나서 기숙사 로비에서 한 시간씩 한국어 스터디도 합니다. 처음에는 한국어 발음이 힘들고 어려웠지만 한국 친구의 발음을 듣고 따라하니까 지금은 좀 쉬워졌습니다. 앞으로도 꾸준히 할 생각입니다.

예전에는 한국 생활이 어렵고 힘들었지만 지금은 매일매일 행복하고 즐겁습니다.

---

1. 처음에 한국 생활이 어땠습니까?
2. 친구들과 무엇을 하면서 지냅니까?
3. 요즘 한국 생활은 어떻습니까?

어휘
Vocabulary

 형용사

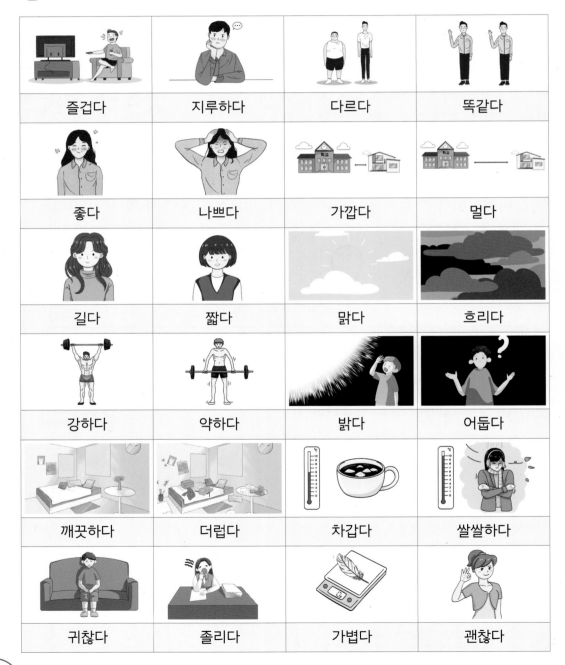

즐겁다	지루하다	다르다	똑같다
좋다	나쁘다	가깝다	멀다
길다	짧다	맑다	흐리다
강하다	약하다	밝다	어둡다
깨끗하다	더럽다	차갑다	쌀쌀하다
귀찮다	졸리다	가볍다	괜찮다

표현 1
Expression 1

A-아/어지다

ㅗ, ㅏ O	아지다	좋아지다, 비싸지다
ㅗ, ㅏ X	어지다	예뻐지다, 어려워지다
하다	여지다	건강해지다

▸ 점점 한국 생활이 좋아졌습니다.

▸ 예전보다 가격이 비싸졌습니다.

▸ 가을이 되니까 하늘이 더 예뻐졌습니다.

▸ 운동을 해서 몸이 건강해졌습니다.

 보기와 같이 문장을 완성하세요.

운동을 하다. 몸이 건강하다
→ 운동을 하니까 몸이 건강해졌습니다.

1) 한국어 스터디를 하다. 한국어가 쉽다.

→ _____.

2) 앞으로 한국 친구를 사귀다. 한국 생활이 더 재미있다.

→ _____.

3) 시간이 지나다. 훨씬 더 익숙하다.

→ _____.

4) 방학이 되다. 비행기표 값이 비싸다.

→ _____.

2 보기와 같이 문장을 완성하세요.

보기   운동을 하면 <u>몸이 건강해질 것입니다.</u>

1) 한국어를 더 잘하면 _____.

2) 기숙사 생활을 하면 _____.

3) 패스트푸드를 끊으면 _____.

4) 과대표가 되면 _____.

5) _____.

3 유학생활을 하기 전과 후에 무엇이 달라졌습니까? 글을 쓰세요.

보기   저는 유학생활을 하기 전에 한국어를 잘 못했습니다.
         하지만 한국에 온 후에 한국어 실력이 좋아졌습니다.

_____

_____

_____

_____

_____

_____

_____

표현 2
Expression 2

V-고 나서

받침 O X	고 나서	먹고 나서, 보고 나서

- ▶ 저는 항상 밥을 먹고 나서 아메리카노를 마십니다.
- ▶ 수업이 끝나고 나서 도서관에 갑니다.
- ▶ 이사하고 나서 친구를 초대하려고 합니다.
- ▶ 한국에 오고 나서 한국어가 늘었습니다.

1 보기와 같이 문장을 완성하세요.

 동아리에 가입하다. 친구들을 많이 사귀다.
→ 동아리에 가입하고 나서 친구들을 많이 사귀었습니다.

1) 한국어를 배우다. 한국문화를 더 알게 되다.

→ _____.

2) 은행 계좌를 만들다. 카드를 만들 수 있다.

→ _____.

3) 이 음악을 듣다. 고향 친구가 생각나다.

→ _____.

4) 한국에 오다. _____

→ _____.

보기와 같이 대화를 완성하세요.

가: 동아리에 가입한 후에 무엇이 달라졌습니까?
나: 동아리에 가입하고 나서 친구들이 많아졌습니다.

1) 가: 한국에 온 후에 무엇이 달라졌습니까?
   나: _____.

2) 가: 한국어를 배운 후에 무엇이 달라졌습니까?
   나: _____.

3) 가: 성인이 된 후에 무엇이 달라졌습니까?
   나: _____.

4) 가: 졸업한 후에 무엇이 달라지겠습니까?
   나: _____.

아래 질문에 대한 답을 쓰세요.

1) 이 수업이 끝난 후에 무엇을 할 것입니까?
2) 이번 학기가 끝난 후에 무엇을 할 것입니까?

_____

_____

_____

_____

_____

표현 3
Expression 3

V/A-(으)ㄹ 때

받침 O	을 때	먹을 때, 많을 때
받침 X	ㄹ 때	갈 때, 나쁠 때

▶ 밥을 먹을 때 소리를 내지 마십시오.

▶ 시간이 많을 때 미리 과제를 해야 합니다.

▶ 민수 씨는 학교에 갈 때 자전거를 탑니다.

▶ 기분이 나쁠 때 무엇을 합니까?

1 맞는 것을 연결하고 보기와 같이 문장을 완성하세요.

대학생이다 •   • 메모를 하다

시험을 보다 •   • 소리를 내다

수업을 듣다 •   • 결혼을 하다

토론을 하다 •   • 적극적으로 참여하다

밥을 먹다 •   • 휴대폰을 쓸 수 없다

보기 밥을 먹을 때 소리를 내면 안 됩니다.

1) _____ .

2) _____ .

3) _____ .

4) _____ .

보기와 같이 문장을 완성하세요.

 시간이 많다
→ 저는 시간이 많을 때 영화를 봅니다.

1) 수업이 없다

→ _____.

2) 가족이 그립다

→ _____.

3) 시험 기간에 졸리다

→ _____.

4) 수업 내용이 이해되지 않는다

→ _____.

 아래 질문에 대한 답을 쓰세요.

유학생활이 가장 힘들 때는 언제입니까?
유학생활이 가장 즐거울 때는 언제입니까?

_____

_____

_____

_____

_____

쓰기1
Writing 1

아래의 질문을 참고하여 다른 사람을 인터뷰해 보세요.
그리고 인터뷰 내용을 메모해 보세요.

Q. 언제 한국에 왔습니까?

Q. 언제 가장 힘들었습니까?

Q. 처음과 지금, 무엇이 달라졌습니까?

Q. 앞으로의 계획은 무엇입니까?

Q. _____

1)	

2)	

자신의 유학생활 경험에 대해 쓰세요.
아래의 표현을 반드시 한 번 이상 사용해야 해요.

---

1. V/A-아/어지다
2. V-고 나서
3. V/A-(으)ㄹ 때

_____

_____

_____

_____

_____

_____

_____

_____

띄어쓰기
Word Spacing

➕ 보조용언

> 한국생활이 재미있어졌습니다.
>
> 재미있어졌습니다(O)   재미있어 졌습니다(X)

▶1 띄어쓰기를 확인하세요.

날씨가 ∨ 많이 ∨ 더워졌습니다.

한국어 ∨ 공부가 ∨ 쉬워졌습니다.

한국 ∨ 생활이 ∨ 익숙해져서 ∨ 재미있습니다.

▶2 보조용언에 주의해서 띄어쓰기 하세요.

1) 한국영화와음악이좋아졌습니다.

2) 병원에가면곧괜찮아질것입니다.

3) 친구들이많아져서이제는외롭지않습니다.

4) 다음달부터새일을시작해서바빠질것입니다.

5) 살이많이쪄서오늘부터다이어트를할것입니다.

문화 Tip | 대학생의 공부

※ Where do you study? How about Korean university students? Did you do 'group study'?
  Let's discuss about the 'study'.

1) 여러분은 어디에서 공부를 합니까?

2) 한국인 대학생들은 어디에서 공부를 합니까? 다음 단어를 인터넷에서 찾아 봅시다.

카공족	스터디카페
도서관 열람실	학술정보원 스터디룸
독서실	

3) 세종대학교 두드림(Do Dream)에서 '스터디'를 검색해 봅시다.
   어떤 스터디 그룹이 있습니까?

11장

기숙사 규칙

기숙사 생활은 규칙이 많습니다.

읽기
Reading

저는 지난 학기까지 사촌 언니와 자취를 했습니다. 그런데 교통이 불편해서 이번 학기부터는 기숙사에서 생활하게 되었습니다. 기숙사의 생활은 좋습니다. 먼저 기숙사에서 강의실까지 5분 정도 걸립니다. 그래서 조금 늦게 일어나도 됩니다. 그리고 기숙사 식당에서 아침밥과 저녁밥을 먹을 수 있습니다. 가격도 싸고 음식도 맛있습니다.

그러나 기숙사 생활은 규칙이 많습니다. 기숙사 안에서 술을 마시거나 요리를 해서 먹으면 안 됩니다. 그리고 친구를 데리고 오면 안 됩니다. 저는 규칙을 잘 몰라서 학기 초에 사촌 언니를 기숙사에 데리고 왔습니다. 그때는 몰랐지만 지금은 규칙을 잘 압니다. 그래서 규칙을 잘 지킵니다.

처음에는 기숙사 생활이 어려웠지만 지금은 아주 좋습니다.

---

1. 왜 기숙사에서 삽니까?
2. 기숙사 생활의 장점은 무엇입니까?
3. 기숙사에 살면서 지켜야 할 규칙은 무엇이 있습니까?

어휘
Vocabulary

 기숙사

빨래하다	세탁기	헬스장
기숙사 식당	늦게 들어오다	이성친구를 데려오다
외박하다	큰소리를 내다	큰소리로 통화하다

 자취

아파트	빌라	주택
원룸	월세	보증금

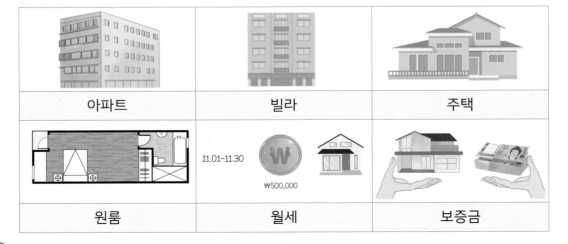

표현 1
Expression 1

V-아/어도 되다

ㅗ, ㅏ O	아도 되다	가도 되다, 봐도 되다
ㅗ, ㅏ X	어도 되다	먹어도 되다, 읽어도 되다
하다	여도 되다	요리해도 되다

▶ 문제를 다 풀었으면 가도 됩니다.

▶ 오픈북 시험이기 때문에 책을 봐도 됩니다.

▶ 사람이 아무도 없을 때는 큰소리로 책을 읽어도 됩니다.

▶ 기숙사 식당에서 요리해도 됩니까?

  보기와 같이 대화를 완성하세요.

> **보기**
>
> 가: 문제를 다 풀었습니다. 지금 <u>나가도 됩니까?</u> (나가다)
>
> 나: 네, <u>지금 교실을 나가도 됩니다.</u>

1) 가: 질문이 있습니다. _____ (질문하다)

　　나: 네, 질문이 있으면 _____.

2) 가: 기숙사에서 음식을 _____ (만들다)

　　나: 네, 기숙사 식당에서는 _____.

3) 가: 밤 늦게 집에 _____ (들어가다)

　　나: 네, 오늘은 주말이니까 _____.

4) 가: 스터디할 때 음악을 _____ (듣다)

　　나: 네, 음악을 _____.

2 보기와 같이 대화를 완성하세요.

보기
가: 책을 봐도 됩니까?
나: 네, 오픈북 시험이니까 괜찮습니다.

1) 가: _____?
   나: 아니요, 기숙사에서 술은 안 됩니다.

2) 가: _____?
   나: 네, 급하지 않으니까 천천히 오십시오.

3) 가: _____?
   나: 그럼요. 잠깐만 빌려 줄게요.

4) 가: _____?
   나: 아니요, 기숙사에 밤 10시까지만 들어 올 수 있습니다.

3 기숙사에서 무엇을 할 수 있습니까? 표시하고 문장을 쓰세요.

보기
☐ 담배를 피우다   ☐ 텔레비전을 보다   ☐ 외박하다
☐ 요리를 하다   ☐ 술을 마시다   ☐ 빨래를 하다
☐ 음악을 듣다   ☐ 운동을 하다   ☐ 이성친구를 데려오다

_____

_____

_____

_____

V/A-(으)면 안 되다

받침 O	으면 안 되다	먹으면 안 되다, 많으면 안 되다
받침 X	면 안 되다	나가면 안 되다, 크면 안 되다

▶ 밥을 급하게 먹으면 안 됩니다.

▶ 이 일은 나이가 너무 많으면 안 됩니다.

▶ 지금은 수업 중이니까 나가면 안 됩니다.

▶ 기숙사에서는 음악 소리가 너무 크면 안 됩니다.

1 **보기와 같이 대화를 완성하세요.**

보기

가: 문제를 다 풀었으니까 <u>지금 나가도 됩니까?</u> (나가다)

나: 아니요, <u>나가면 안 됩니다. 끝날 때까지 기다리세요.</u>

1) 가: 기숙사에서 술을 _____(마시다)

　나: 아니요, _____.

2) 가: 도서관에서 _____ (듣다)

　나: 아니요, _____.

3) 가: 실내에서 담배를 _____ (피우다)

　나: 아니요, _____.

4) 가: 교실에서 음식을 _____ (먹다)

　나: 아니요, _____.

2 보기와 같이 대화를 완성하세요.

가: 책을 봐도 됩니까?

나: <u>아니요, 시험 중이니까 책을 보면 안 됩니다.</u>

1) 가: 학교에서 술을 마셔도 됩니까?

　 나: 아니요. _____

2) 가: 지금 길이 막힙니다. 10분 늦게 가도 됩니까?

　 나: 아니요. _____

3) 가: 민수 씨, 민수 씨 휴대폰을 잠깐 봐도 됩니까?

　 나: 아니요. _____

4) 가: 기숙사에 밤 늦게 들어가도 됩니까?

　 나: 아니요. _____

3 기숙사에서 무엇을 할 수 없습니까? 표시하고 문장을 쓰세요.

☐ 담배를 피우다　　☐ 텔레비전을 보다　　☐ 외박하다

☐ 요리를 하다　　☐ 술을 마시다　　☐ 빨래를 하다

☐ 음악을 듣다　　☐ 운동을 하다　　☐ 이성친구를 데려오다

_____

_____

_____

_____

_____

표현3
Expression 3

V/A-거나

받침 O, X	거나	먹거나, 크거나

▶ 빵을 먹거나 김밥을 먹습니다.

▶ 음악 소리가 너무 크거나 시끄러우면 안 됩니다.

▶ 맵거나 짠 음식은 건강에 좋지 않습니다.

▶ 주말에는 친구를 만나거나 집에서 쉽니다.

 보기와 같이 문장을 완성하세요.

   점심에 빵을 먹다. 김밥을 먹다.

→ 저는 주로 밥을 먹거나 빵을 먹습니다.

1) 주말에는 기숙사에서 쉬다. 건대입구역에 가다.

→ _____.

2) 기숙사에서는 요리를 할 수 없다. 빨래를 할 수 없다.

→ _____.

3) 저녁마다 헬스장에서 운동을 하다. 산책을 하다.

→ _____.

4) 시험 기간에는 도서관에서 공부하다. 카페에서 공부하다.

→ _____.

2 보기와 같이 대화를 완성하세요.

보기
가: 점심은 주로 어디에서 먹습니까?
나: 학생식당에서 먹거나 기숙사에서 요리를 해서 먹습니다.

1) 가: 시험 기간에는 어떻게 공부합니까?
   나: _____.

2) 가: 기숙사에서는 무엇을 하면 안 됩니까?
   나: _____.

3) 가: 갑자기 수업이 휴강하면 주로 무엇을 합니까?
   나: _____.

4) 가: 주말에는 주로 무엇을 합니까?
   나: _____.

3 아래 상황에서 어떻게 합니까? 문장을 쓰세요.

- 시험 기간에 공부가 잘 안 될 때
- 스트레스가 쌓일 때
- 한국어 문법이 어려울 때

_____

_____

_____

_____

_____

쓰기 1
Writing 1

아래의 질문을 참고하여 다른 사람을 인터뷰해 보세요.
그리고 인터뷰 내용을 메모해 보세요.

Q. 시험 기간에 무엇을 하면 안 됩니까?

Q. 몸이 아플 때 무엇을 하면 안 됩니까?

Q. 가족이 그리울 때 어떻게 합니까?

Q. 도서관에서 옆 사람이 시끄러우면 어떻게 합니까?

Q. _____

1)	

2)	

기숙사 규칙에 대해 쓰거나 학교 규칙에 대해 쓰세요.
아래의 표현을 반드시 한 번 이상 사용해야 해요.

---

1. V/A-아/어도 되다
2. V/A-(으)면 안 되다
3. V/A-거나

_____

_____

_____

_____

_____

_____

_____

_____

띄어쓰기
Word Spacing

 부사

> **기숙사에서 요리를 하면 안 됩니다.**
>
> 안 됩니다(O)   안됩니다(X)

1 ▶ 띄어쓰기를 확인하세요.

공연장에서 ∨ 사진을 ∨ 찍으면 ∨ 안 ∨ 됩니다.
강의실에서 ∨ 담배를 ∨ 피우면 ∨ 안 ∨ 됩니다.
기숙사에서 ∨ 노래를 ∨ 너무 ∨ 크게 ∨ 들으면 ∨ 안 ∨ 됩니다.

2 ▶ 부사에 주의해서 띄어쓰기 하세요.

1) 시험을볼때휴대폰을사용하면안됩니다.

2) 중간에공연장에들어가면안됩니다.

3) 길을건너면서전화통화를하면안됩니다.

4) 일이끝났으니까일찍퇴근하면됩니다.

5) 대회신청서를작성해서제출하면됩니다.

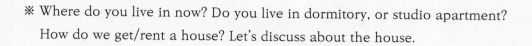

※ Where do you live in now? Do you live in dormitory, or studio apartment?
How do we get/rent a house? Let's discuss about the house.

1) 여러분은 지금 어디에서 삽니까? 어디에서 살고 싶습니까?

어디에서 삽니까?	
어디에서 살고 싶습니까?	

2) 다음 단어를 인터넷에서 찾고 조사해 봅시다.

Type of house	아파트, 빌라, 주택
The number of rooms	원룸, 투룸
Type of rent	월세: 보증금, 월세 / 전세: 보증금

3) 여러분의 고향에서는 집을 어떻게 구합니까? 친구들과 이야기해 봅시다.

우리 고향에서는 _____

_____

_____

_____

_____

12장

진로와 자기계발

저는 졸업 후에 국제기구에 취직하고 싶습니다.

학습목표

☆ **표현:** -기 위해서, -는 중이다, -(으)면서

☆ **읽기:** 진로와 자기계발 읽기

☆ **띄어쓰기:** 의존명사 5

☆ **문화 Tip:** 진로와 취업

저는 어학에 관심이 많습니다. 중학교 때 영어 선생님을 매우 좋아해서 그때부터 영어 공부를 열심히 했습니다. 대학교에서는 다른 언어를 공부하고 싶어서 지금은 한국어를 전공하고 있습니다. 한국어는 영어와 달라서 아직 어렵고 많이 공부를 해야 합니다. 그래서 매일 일기를 쓰면서 문법과 어휘를 공부하고, 라디오 뉴스를 듣고 따라하면서 듣기와 발음 공부를 하고 있습니다. 아직은 잘 못하지만 열심히 노력하면 잘 할 수 있을 것입니다.

　저는 졸업 후에 국제기구에 취직하고 싶습니다. 국제기구에 취직하기 위해서는 외국어를 잘 해야 합니다. 나중에 국제기구에 취직해서 다른 나라의 아이들에게 언어를 가르쳐주기 위해서 지금 열심히 노력하는 중입니다.

1. 이 사람의 대학교 전공은 무엇입니까?
2. 이 사람은 한국어 공부를 어떻게 하고 있습니까?
3. 이 사람의 졸업 후 계획은 무엇입니까?

어휘
Vocabulary

 진로

자기계발		어학공부		공모전 참가
정부기관	공기업	중견기업	중소기업	국제기구

⊕ 동사

찾다	걷다	돕다	묻다
깨닫다	불다	팔다	입다
줍다	기다리다	복습하다	운전하다

V-기 위해서

| 받침 O X | 기 위해서 | 배우기 위해서, 듣기 위해서 |

▸ 수영을 배우기 위해서 수영장에 다닙니다.

▸ 불고기를 만들기 위해서는 고기와 채소가 필요합니다.

▸ 국제기구에 취직하기 위해서는 외국어를 잘 해야 합니다.

▸ 아이들에게 언어를 가르쳐주기 위해서 열심히 노력할 것입니다.

▸ 전공 강의를 잘 듣기 위해서 매일 한국어 듣기 연습을 하고 있습니다.

1 보기와 같이 빈칸을 완성하세요.

보기   수영을 _배우기 위해서_ (배우다) 수영장에 다닙니다.

1) 친구를 _____ (만나다) 영화관에 갑니다.

2) 한국에 _____ (오다) 고향에서 한국어를 공부했습니다.

3) 비행기를 _____ (타다) 공항에 왔습니다.

4) 친구 생일 선물을 _____ (사다) 백화점에 갈 것입니다.

5) 한국 회사에 _____ (다니다) 취업 스터디를 하고 있습니다.

6) 시험을 잘 _____ (보다) 열심히 공부해야 합니다.

보기와 같이 문장을 완성하세요.

 전공 강의를 잘 듣다 / 매일 한국어 듣기 연습을 하다
→ 전공 강의를 잘 듣기 위해서 매일 한국어 듣기 연습을 합니다.

1) 한국 친구를 사귀다 / 한국인 친구와 스터디를 하다

→ _____.

2) 한국어 발음을 잘 하다 / 한국 드라마를 듣고 따라하다

→ _____.

3) 자취를 하다 / 집을 구하고 있다

→ _____.

4) 제주도 여행을 하다 / 아르바이트를 하고 싶다

→ _____.

주말/방학에 무엇을 할 거예요?
그것을 하기 위해서 무엇을 할 거예요? 아래의 표에 써 보세요.

언제	무엇을 할 것입니까?
내일	내일 친구 생일 선물을 사기 위해서 백화점에 갈 것입니다.
주말	
방학	
20( )년	
이번 학기	
다음 학기	

표현 2
Expression 2

V-는 중이다

받침 O X	는 중이다	먹는 중이다, 가는 중이다

▸ 열심히 노력하는 중입니다.

▸ 마이클 씨는 지금 도서관에서 책을 읽는 중입니다.

▸ 영화관에 일찍 도착해서 친구를 기다리는 중입니다.

▸ 김신우 교수님은 지금 회의를 하시는 중입니다.

▸ 불고기를 만드는 중에 나타샤 씨가 전화를 했습니다.

---

1 보기와 같이 빈칸을 완성하세요.

보기   민수 씨는 집에서 책을 <u>*읽는 중입니다*</u> (읽다).

1) 지금은 <한국 전통문화의 이해> 수업을 _____ (듣다).

2) 지수 씨는 지금 편지를 _____ (쓰다).

3) 웨이 씨는 지금 비행기에 있습니다. 인천 공항에 _____ (오다).

4) 저는 지금 기숙사에 _____ (살다). 원룸에서 살고 싶습니다.

5) 제시카 씨는 지금 회사에서 _____ (일하다).

     여섯 시에 일이 끝납니다.

6) 내일 <한국의 언어와 문화 2> 수업에서 퀴즈를 봅니다.

     그래서 지금 _____ (복습하다).

보기와 같이 문장을 완성하세요.

→ <u>밥을 먹는 중입니다.</u>

1)

→ _____.

2)

→ _____.

3)

→ _____.

4)

→ _____.

3 명훈 씨와 친구들이에요. 명훈 씨와 친구들이 무엇을 하는 중이에요?
그림을 보고 쓰세요.

제시카 씨는 지금 이야기를 하는 중입니다.

_____

_____

_____

_____

_____

_____

_____

_____

표현3
Expression 3

V-(으)면서

받침 O	으면서	먹으면서
받침 X	면서	마시면서

▷ 어제 밥을 먹으면서 전화를 했습니다.

▷ 성준 씨는 춤을 추면서 노래를 부를 수 있습니다.

▷ 길에서 걸으면서 스마트폰을 보면 안 됩니다.

▷ 마이클 씨는 요리를 잘 합니다. 불고기를 만들면서

잡채도 만들 수 있습니다.

▷ 서로 도우면서 살아야 합니다.

1 **다음 표를 완성하세요.**

단어	-(으)면서	단어	-(으)면서
먹다		가다	
읽다		부르다	
찾다		마시다	
입다		쓰다	
돕다		일하다	
걷다		청소하다	
듣다		만들다	

보기와 같이 문장을 완성하세요.

보기   마이클: 공부를 하다 / 음악을 듣다

→ 마이클 씨는 공부를 하면서 음악을 들었습니다.

1) 상민: 빵을 먹다 / 일하다

→ _____.

2) 민경: 커피를 마시다 / 이야기를 하다

→ _____.

3) 엘레나: 전화를 하다 / 운동을 하다

→ _____.

4) 준기: 샤워를 하다 / 노래를 부르다

→ _____.

다음 질문을 읽고 대답하세요.

1	Q. 운전을 하면서 전화를 해도 됩니까?
	A. *아니요, 운전을 하면서 전화를 하면 안 됩니다.*
2	Q. 시험을 보면서 휴대전화를 사용해도 됩니까?
	A.
3	Q. 밥을 먹으면서 말을 해도 됩니까?
	A.
4	Q. 다이어트를 해야 하는데 운동이 재미없습니다. 어떻게 해야 합니까?
	A.

쓰기1
Writing 1

여러분의 꿈은 무엇이에요? 무엇을 하고 싶어요? 그 꿈을 이루기 위해서 무엇을 하는 중이에요? <나의 꿈>에 대해 글을 쓰세요.

아래의 표현을 반드시 한 번 이상 사용해야 해요.

1. V-기 위해서
2. V-는 중이다
3. V-(으)면서

_____

_____

_____

_____

_____

_____

_____

_____

_____

_____

_____

_____

쓰기 2
Writing 2

친구들에게 쓰기1의 <나의 꿈>을 이야기하세요. 그리고 친구들의 <나의 꿈>을 들으세요. 친구들의 꿈은 무엇입니까? 그 꿈을 이루기 위해 무엇을 하는 중입니까? 아래의 표에 메모하세요.

이름	친구의 꿈이 무엇입니까?	그 꿈을 이루기 위해 무엇을 하는 중입니까?
마리아	마리아 씨는 국제기구에 취직할 것입니다.	한국어를 공부하면서 외국어도 공부합니다.

띄어쓰기
Word Spacing

의존명사 5

> 열심히 노력하는 중입니다.
> 노력하는 중입니다(O)   노력하는중 입니다(X)

1 띄어쓰기를 확인하세요.

한국어 ∨ 공부를 ∨ 열심히 ∨ 하는 ∨ 중입니다.
지금은 ∨ 기숙사에 ∨ 살고 ∨ 있는 ∨ 중입니다.
식사를 ∨ 하시는 ∨ 중이니까 ∨ 이따가 ∨ 오십시오.

2 의존명사에 주의해서 띄어쓰기 하세요.

1) 도서관에서공부를하는중입니다.

2) 시험을보는중에는나갈수없습니다.

3) 사장님께서는지금출장중이십니다.

4) 운전을하는중입니다.이따가전화드리겠습니다.

5) 경기를하는중에다쳐서급하게병원에갔습니다.

※ The following materials are Korean university students's preferred job.

Q. 무슨 직업을 가지고 싶습니까?

전공(major)	직업(job)
인문/사회과학 전공 (humanity/social science)	교육 서비스 (education service)
자연과학 전공 (natural science)	보건·사회복지 서비스 (health care/social care service)
공학 전공 (engineering)	IT·인터넷·게임 (IT/internet/video game)
의학 전공 (medical science)	보건·사회복지 서비스 (health care/social care service)
예체능 전공 (arts/sports)	예술·스포츠 (arts/sports)

Q. 어디에서 일을 하고 싶습니까?

단위: %

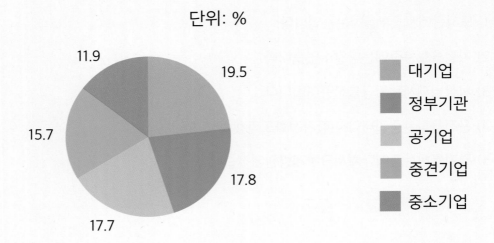

11.9

19.5

15.7

17.8

17.7

■ 대기업
■ 정부기관
□ 공기업
■ 중견기업
■ 중소기업

13장

한국의 공휴일

설날과 추석 연휴는 만난 지 오래된 가족들이 모이는 시간입니다.

학습 목표

☆ **표현:** -(으)ㄴ 지, -(으)ㄴ 적이 있다/없다, -는 동안에

☆ **읽기:** 명절 소개 읽기

☆ **띄어쓰기:** 의존명사 6

☆ **문화 Tip:** 한국의 공휴일

읽기
Reading

　한국에는 큰 명절이 두 번 있습니다. 설날과 추석입니다. 설날은 음력 1월 1일입니다. 옛날에는 설날에 한복을 입고 웃어른께 세배를 했는데 요즘 한국 사람들은 한복을 잘 입지 않습니다. 저도 지난달에 경복궁에 갔을 때 한복을 입은 적이 있습니다. 한복은 한국의 아름다운 전통 옷입니다. 1월 1일 아침에는 친척들과 함께 떡국을 먹습니다. 떡국을 먹은 후에 윷놀이와 연날리기 같은 전통 놀이를 합니다.

　추석은 음력 8월 15일입니다. 추석에는 조상님들께 차례를 지내고 성묘를 갑니다. 성묘를 가는 동안에 조상님들을 생각하고 가족들과 이야기를 나눕니다. 그리고 친척들이 함께 모여 송편을 먹고 즐거운 시간을 보냅니다.

　설날과 추석 연휴는 만난 지 오래된 가족들이 함께 모이는 시간입니다. 그래서 많은 사람들이 고향에 가기 때문에 도로가 복잡하고 기차표나 버스표를 예매하는 것이 어렵습니다. 하지만 오랜만에 만날 가족들을 생각하면서 기쁜 마음으로 고향에 갑니다.

---

1. 한국의 큰 명절은 언제입니까?
2. 설날에는 무엇을 합니까?
3. 추석에는 무엇을 합니까?

어휘
Vocabulary

 공휴일

국경일	명절	양력	음력

 설날

세배하다	웃어른	한복	떡국

 추석

성묘	차례를 지내다	조상님
친척	송편	

➕ 전통놀이

윷놀이	연날리기	강강술래	제기차기

표현 1
Expression 1

V-(으)ㄴ 지

받침 O	은 지	먹은 지
받침 X	ㄴ 지	만난 지

▹ 고향 음식을 먹은 지 1년이 넘었습니다.

▹ 우리가 만난 지 벌써 10년이 되었습니다.

▹ 대학생이 된 지 두 학기가 지났습니다.

▹ 책을 읽은 지 얼마나 되었습니까?

1 보기와 같이 문장을 완성하세요.

  고향 음식을 먹다. 1년이 넘다.
→ 고향 음식을 먹은 지 1년이 넘었습니다.

1) 한국에 오다. 얼마나 되다.

→_____?

2) 세종대학교에 입학하다. 1년이 다 되어 가다.

→_____.

3) 기숙사에 살다. 6개월이 넘다.

→_____.

4) 문자 메시지를 보내다. 두 시간이 지나다.

→ _____.

보기와 같이 문장을 완성하세요.

보기   1년 전에 고향 음식을 먹었습니다.
    → 고향 음식을 먹은 지 1년이 넘었습니다.

1) 오래 전에 해인 씨를 알았습니다.

→ _____.

2) 5년 전에 한국에 처음 방문했습니다.

→ _____.

3) 벌써 10년 전에 학사과정을 마쳤습니다.

→ _____.

4) 10분 전부터 비가 그쳤습니다.

→ _____.

아래 질문에 대한 답을 쓰세요.

? 언제부터 한국어를 배웠습니까?
   가장 친한 친구를 언제부터 알았습니까?
   언제 마지막으로 가족을 봤습니까?

_____

_____

_____

_____

표현 2
Expression 2

V-(으)ㄴ 적이 있다/없다

받침 O	은 적이 있다/없다	먹은 적이 있다/없다
받침 X	ㄴ 적이 있다/없다	만난 적이 있다/없다

▶ 저는 한국의 차례 음식을 먹은 적이 있습니다.

▶ 저는 한국의 차례 음식을 먹어 본 적이 있습니다.

▶ 저는 한복을 입은 적이 없습니다.

▶ 민수와 게리는 한 번도 만난 적이 없습니다.

▶ 한국 전통놀이를 본 적이 있습니다.

 보기와 같이 대화를 완성하세요.

가: 한국의 차례 음식을 <u>먹어 본 적이 있습니까?</u> (먹다)
나: <u>아니요, 먹어 본 적이 없습니다.</u>

1) 가: 한복을_____(입다)

   나:_____.

2) 가: 한국에서 명절을_____(보내다)

   나:_____.

3) 가: 한국에서 고향의 공휴일을_____(기념하다)

   나:_____.

4) 가: 한국에서 무엇을_____(하다)

　→ _____.

2 보기와 같이 O, X를 선택하고 문장을 완성하세요.

보기　　　한국어를 모르다. 실수하다. (　O　/　X　)
　　　→　한국어를 잘 몰라서 실수한 적이 있습니다.

1) 이성 친구와 헤어지다. 술을 마시다. (　O　/　X　)

　→ _____.

2) 명절 음식을 만들다. 먹다. (　O　/　X　)

　→ _____.

3) 복권을 사다. 당첨되다. (　O　/　X　)

　→ _____.

4) 유명한 사람을 만나다. 사인을 받다. (　O　/　X　)

　→ _____.

3 아래 질문에 대한 답을 쓰세요.

? 　한국에서 어디에 가 봤습니까?
　그곳에서 무엇을 경험했습니까?

_____

_____

_____

_____

_____

표현 3
Expression 3

V-는 동안(에)

받침 O X	는 동안에	먹는 동안에, 만나는 동안에

- ▶ 친구가 밥을 먹는 동안에 저는 도서관에 다녀왔습니다.
- ▶ 우리가 만나는 동안 많은 시간이 흘렀습니다.
- ▶ 한국에 있는 동안에 좋은 경험을 하고 싶습니다.
- ▶ 유학을 하는 동안 한국어를 열심히 공부했습니다.

 보기와 같이 문장을 완성하세요.

살다	준비하다	보다	유학하다	배우다	사귀다

보기   한국에서 유학하는 동안에 많은 친구들을 사귀었습니다.

1) 학교 기숙사에서_____지켜야 할 규칙이 있습니다.

2) 히엔 씨와_____화 내는 것을 본 적이 없습니다.

3) 기말 과제를_____다른 약속을 할 수가 없습니다.

4) 신조어를_____새로운 신조어가 또 생깁니다.

5) 영화를_____휴대폰을 켜면 안 됩니다.

2 보기와 같이 문장을 완성하세요.

한국에 살다. 한국 여행을 많이 하다.
→ <u>한국에 사는 동안 한국 여행을 많이 하고 싶습니다.</u>

1) 지하철을 타다. 음악을 듣다.

→ _____.

2) 해외 여행을 하다. 고양이 밥을 주다.

→ _____.

3) 학교 앞에서 공사하다. 정문으로 다니면 안 되다.

→ _____.

4) 기다리다. 책을 읽다.

→ _____.

3 아래 질문에 대한 답을 쓰세요.

 버스나 지하철에서 무엇을 합니까?
연휴 기간에 주로 무엇을 합니까?

_____

_____

_____

_____

쓰기 1
Writing 1

아래의 질문을 참고하여 다른 사람을 인터뷰 해 보세요.
그리고 인터뷰 내용을 메모해 보세요.

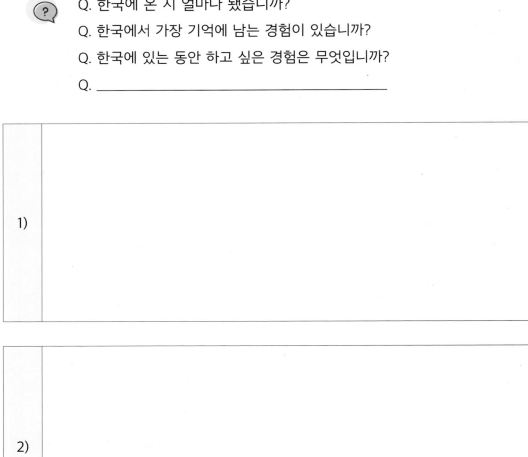

Q. 한국에 온 지 얼마나 됐습니까?

Q. 한국에서 가장 기억에 남는 경험이 있습니까?

Q. 한국에 있는 동안 하고 싶은 경험은 무엇입니까?

Q. _____

1)	
2)	

쓰기 2
Writing 2

한국에 사는 동안의 특별한 경험에 대해 쓰세요.
아래의 표현을 반드시 한 번 이상 사용해야 해요.

1. V-(으)ㄴ 지
2. V-(으)ㄴ 적이 있다/없다
3. V-는 동안에

_____

_____

_____

_____

_____

_____

_____

_____

_____

_____

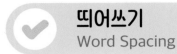

띄어쓰기
Word Spacing

 의존명사 6

> 한국에 간 적이 있습니다.
> 간 적이 있습니다(O)   간적이 있습니다(X)

▶ **1** **띄어쓰기를 확인하세요.**

한복을∨입은∨적이∨있습니다.
말하기∨대회에서∨상을∨받은∨적이∨있습니다.
2년∨전에∨태권도를∨배운∨적이∨있습니다.

▶ **2** **의존명사에 주의해서 띄어쓰기 하세요.**

1) 카페에서아르바이트를한적이있습니다.

2) 한국에서길을잃어버린적이있습니다.

3) 한국음식을만들어본적이있습니다.

4) 아직한국에서운전을해본적이없습니다.

5) 영화관에서영화를본적이없습니다.

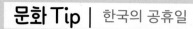

문화 Tip | 한국의 공휴일

※ Were your classes canceld in these days? What is the reason? Let's search about the Korean holiday.

양력: Solar calendar	음력: Lunar calenda

1월 Jan	2월 Feb	3월 Mar
양력 1월 1일 - 신정 음력 12월 31일 - 설날 음력 1월 1일 - 설날 음력 1월 2일 - 설날		양력 3월 1일 - 3·1절
4월 Apr	**5월 May**	**6월 Jun**
음력 4월 8일 - 부처님 오신날	양력 5월 5일 - 어린이날	양력 6월 6일 - 현충일
7월 Jul	**8월 Aug**	**9월 Sep**
	양력 8월 15일 - 광복절 음력 8월 14일 - 추석 음력 8월 15일 - 추석 음력 8월 16일 - 추석	
10월 Oct	**11월 Nov**	**12월 Dec**
양력 10월 3일 - 개천절 양력 10월 9일 - 한글날		양력 12월 25일 - 성탄절

14장

대외활동

세종대학교에 다니는 외국인 학생은
누구나 참여 가능합니다.

읽기
Reading

외국인 유학생 말하기 대회

세종대학교에서 10월 13일 금요일에 외국인 유학생 말하기 대회를 개최합니다. 세종대학교에 다니는 외국인 학생이면 누구나 참여 가능합니다.

주제는 '나의 한국생활'입니다. 한국생활의 재미있거나 힘든 경험을 5분 정도로 발표하면 됩니다.

신청 방법은 이메일 신청, 직접 신청 모두 가능합니다. 이메일에 학과, 학번, 이름을 적어서 speaking@sejong.ac.kr로 보내거나 직접 신청을 하려면 학생회관 2층 대외협력처로 방문하십시오. 혹시 이메일로 참가 신청을 한 후에 신청 확정 이메일이 오지 않으면 아래의 번호로 전화해 주시기 바랍니다. 확인하는 대로 처리될 것입니다. 또 다른 문의사항이 있으면 전화나 이메일을 하시기 바랍니다. 학생들의 많은 참여 바랍니다.

주제: 나의 한국생활
날짜: 10월 13일 금요일
장소: 광개토관 15층
대상: 세종대학교 외국인 유학생
신청: 이메일, 직접 신청
이메일 주소: <u>speaking@sejong.ac.kr</u>
전화: 02) 3408-1234

---

1. 말하기 대회의 주제는 무엇입니까?
2. 말하기 대회에 참가하려면 어떻게 해야 합니까?
3. 궁금한 점이 있으면 어떻게 해야 합니까?

어휘
Vocabulary

 ### 공모전

공모전	콘테스트	공모전 주제	제출 마감 날짜	행사 장소
참가 대상	제출 방법	직접 제출하다	우편/이메일로 제출하다	문의사항

공지 표현

자료 파일을 보내드리겠습니다.	알려드리겠습니다.
돌려드리겠습니다.	아래 번호로 전화해 주십시오.

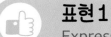

V-는 대로

| 받침 O X | 는 대로 | 읽는 대로, 확인하는 대로 |

▶ 이메일을 확인하는 대로 처리될 것입니다.

▶ 공항에 도착하는 대로 전화하겠습니다.

▶ 과제가 완성되는 대로 제출하겠습니다.

▶ 자료를 다 만드는 대로 보낼 것입니다.

1 보기와 같이 문장을 완성하세요.

보기　　이메일을 <u>확인하는 대로</u> (확인하다) 처리될 것입니다.

1) 책을 다_____(읽다) 돌려드리겠습니다.

2) 아리엘 씨, 수업이_____(끝나다) 전화해 주세요.

3) 마이클 씨가 계속 전화를 받지 않습니다. 마이클 씨가 전화를_____
(받다) 다시 알려드리겠습니다.

4) 기숙사에서 나가고 싶습니다. 방을_____(구하다)
이사를 할 것입니다.

5) 밥을 모두_____(먹다) 밖에 나갈 것입니다.

2 보기에서 알맞은 단어를 골라 문장을 완성하세요.

| 아침이 되다 | 선물을 받다 | 버스를 타다 |
| 집에서 나가다 | 불고기를 만들다 | |

1) 내일 제주도에 갑니다. 오전 9시 비행기를 타야 합니다. 그래서 오늘 일찍 자고
_____공항에 갈 것입니다.

2) 고향 친구가 저에게 선물을 보냈습니다. 선물은 다음 주에 옵니다. 선물을 빨리
받고 싶습니다. _____친구에게 전화할 것입니다.

3) 오늘은 정말 바빴습니다. 아침에 수업을 듣고 점심에 스터디를 했습니다. 저녁
에는 아르바이트를 했습니다. 정말 피곤해서 _____
잠을 잘 것입니다.

4) 3시에 영화관에서 친구를 만나야 합니다. 지금은 2시 50분입니다. 늦었습니다.
5분 후에 버스를 탈 것입니다. _____친구에게 전화할 것입니다.

3 문자 메시지를 읽고 답장을 쓰세요.

1)

마이클 씨! 저는 공항에 도착했어요.
마이클 씨는 어디에 있어요?

저는 지금 지하철에 있어요.
도착_____메시지 보낼게요.

2)

어제 인터넷으로 옷을 주문했어요.
언제 도착해요?

고객님, 지금 옷을 준비하고 있습
니다. 완성_____보내드리
겠습니다.

3)

성민 씨, 그림을 다 그렸어요?
오늘 저녁까지 제출해야 해요.

거의 다 그렸어요.
_____.

4)

나디아 씨, 과제 준비 끝났어요?
파일을 보내 주세요.

아직 안 끝났어요.
_____.

표현 2
Expression 2

V-(으)려면

받침 O	으려면	먹으려면
받침 X	려면	가려면

▶ 해외 여행을 하려면 비자를 신청해야 합니다.

▶ 공항에 가려면 무엇을 타야 합니까?

▶ 장학금을 받으려면 자기소개서와 신청서를 제출하십시오.

▶ 불고기를 만들려면 고기와 채소, 간장이 필요합니다.

 보기와 같이 맞는 것에 ◯ 하세요.

     공항에 가(⟨려면⟩/ 으려면) 버스를 타야 합니다.

1) 숙제를 하(려면 / 으려면) 도서관에서 책을 찾아야 합니다.

2) 맛있는 밥을 먹(려면 / 으려면) 학생식당에 가 보십시오.

3) 실례합니다, 부산행 기차를 타(려면 / 으려면) 어디에 가야 합니까?

4) 부모님 생일 선물을 보내(려면 / 으려면) 우체국에 가야 합니다.

5) 영화를 보(려면 / 으려면) 영화관에 가야 합니다.

보기와 같이 문장을 완성하세요.

 Q. 해외 여행을 갈 것입니다. 무엇을 해야 합니까?
A. <u>해외 여행을 가려면 비자를 신청해야 합니다.</u>

1) Q. <한국의 언어와 문화 2>에서 A+를 받고 싶습니다. 무엇을 해야 합니까?

   A. _____.

2) Q. 도서관에서 책을 빌려야 합니다. 어떻게 빌립니까?

   A. _____.

3) Q. 한국 신문을 잘 읽고 싶습니다. 무엇을 해야 합니까?

   A. _____.

4) Q. 노트북을 살 것입니다. 어디에서 사면 됩니까?

   A. _____.

5) Q. 명동에 가고 싶습니다. 어떻게 가야 합니까?

   A. _____.

3 친구에게 고민을 물어 보세요. 친구의 고민을 해결하려면 무엇을 해야 합니까? 친구에게 조언을 하세요.

이름	고민	조언
흐엉	한국어 듣기가 어렵습니다.	한국어를 잘 들으려면 한국 드라마를 자주 봐야 합니다.

표현3
Expression 3

V-기 바라다

받침 O X	기 바라다	받기 바라다, 연락하기 바라다

▶ 전화나 이메일을 하시기 바랍니다.

▶ 토요일까지 제출하기 바랍니다.

▶ 앞에 앉아 주시기 바랍니다.

▶ 이곳에서 담배를 피우지 마시기 바랍니다.

▶ 요리를 하기 전에 손을 씻기 바랍니다.

 보기와 같이 문장을 바꾸세요.

보기   연락하십시오. → 연락하시기 바랍니다.

1) 1층으로 가십시오.   → _____.

2) 에스컬레이터에서 걷지 마십시오.   → _____.

3) 창문을 닫으십시오.   → _____.

4) 답장을 보내 주십시오.   → _____.

5) 교실에서 전화를 하지 마십시오.   → _____.

2 보기와 같이 문장을 완성하세요.

> **보기**   전화나 이메일을 <u>하시기 바랍니다</u> (하다).

1) 내일까지 과제를 제출해야 합니다. 이메일로_____(보내다).

2) 장학금 신청을 받습니다. 12월 10일까지_____(신청하다).

3) 길에 자동차가 많습니다. 버스를_____(타다).

4) 8번 결석하면 FA입니다. 항상 수업에_____(출석하다).

5) 1층 화장실은 사용할 수 없습니다. 2층 화장실을 사용하거나 지하 1층 화장실을
_____(사용하다).

3 'V-기 바라다'를 사용하여 광개토관 안내문을 쓰세요.

편의점은 지하 1층에 있습니다. 에스컬레이터로 내려가시기 바랍니다._____

광개토관 안에서 담배를_____

카페는_____

_____

_____

_____

_____

_____

_____

쓰기 1
Writing 1

내년에 입학할 1학년 학생을 위한 학과 안내문을 써야 해요. 무엇을 소개할 거예요? 어떻게 설명할 거예요? 아래에 메모를 해 보세요.

memo

〈＿＿＿＿＿＿＿＿과 안내문〉

쓰기 1에서 메모한 내용을 참고하여 학과 안내문을 쓰세요.
아래의 표현을 반드시 한 번 이상 사용해야 해요.

1. V-는 대로
2. V-(으)려면
3. V-기 바라다

_____

_____

_____

_____

_____

_____

_____

_____

_____

맞춤법
Spelling

➕ 헷갈리는 맞춤법 1

> 깎다   낫다   닦다
> 되다   맞다   사귀다

▶1 맞춤법을 확인하세요.

너무 비싸니까 좀 깎아 주십시오.
아프지 말고 빨리 낫기를 바랍니다.
내 말이 맞습니다. 당신의 말은 틀렸습니다.

▶2 맞춤법에 주의해서 틀린 것을 바르게 고치세요.

1) 한국에서 여러 친구를 사궜습니다.

　→_____.

2) 이제 스무 살이 됐었습니다.

　→_____.

3) 사과는 껍질을 깍아 먹습니다.

　→_____.

4) 병원에 가면 빨리 낳습니다.

　→_____.

🔍 문화 Tip | 공모전

※ Have you participate in a contest? Which contests are in the Korea?

1) 공모전 안내 웹사이트를 방문해 봅시다. 어떤 공모전이 있습니까? 구경해 봅시다.

<공모전 안내 웹사이트(contest information website)>
☐ 씽유 (thinkyou.co.kr) - [메뉴] - [공모전/대외활동]
☐ 배짱콘테스트(baejjnang.com) - [메뉴] - [공모전정보]
☐ 스펙토리(spectory.net) - [메뉴] - [공모전]

2) 어떤 공모전에 참가하고 싶습니까? 왜 그렇게 생각했습니까?

공모전 이름	신청 기간	참가 이유
사진 콘테스트	5월 30일 ~ 6월 13일	사진 찍기를 좋아합니다. 1등 시상금이 천만 원입니다.
	월 일 ~ 월 일	
	월 일 ~ 월 일	
	월 일 ~ 월 일	
	월 일 ~ 월 일	
	월 일 ~ 월 일	

3) 공모전에 참가하려면 무엇을 해야 합니까? 계획을 써 봅시다.

15장

자료 분석

학생들의 스트레스 해소 방법에 대해
조사한 결과를 발표했다.

읽기
Reading (원형그래프)

사람은 누구나 스트레스를 받는다. 스트레스를 받을 때 보통 사람들은 취미생활을 하거나 술을 마신다. 지난 5일 세종대학교 학생회에서 세종대학교 학생들의 스트레스 해소 방법에 대한 조사 결과를 발표했다.

조사 결과 '집에서 TV나 영화를 본다'가 70%로 가장 높았고, 17%는 친구를 만나서 맛있는 음식을 먹거나 여행을 갔다. '집에서 아무것도 하지 않는다'는 5%로 제일 낮았다. 3년 전 조사 결과에서는 '여행을 간다'가 60%로 가장 높았지만 올해 조사 결과에서는 3년 전 보다 많이 줄어든 것을 알 수 있었다.

코로나19 때문에 세종대학교 학생들의 스트레스 해소 방법이 많이 달라졌지만 이제는 다시 여행을 가거나 친구들을 만나서 스트레스를 해소 한다고 응답하는 비율이 많아질 것 같다.

---

1. 무엇에 대한 조사 결과입니까?
2. 스트레스 해소 방법으로 가장 많은 대답은 무엇입니까?
3. 스트레스 해소 방법이 달라진 이유는 무엇입니까?

어휘
Vocabulary

 ## 스트레스

| 스트레스가 쌓이다 | 스트레스를 풀다/해소하다 |

| 수다떨다 | 단 음식을 먹다 | 취미생활을 하다 |

자료분석

통계 자료	~에 대해 조사하다	분석하다
분석 결과	응답하다	응답 비율

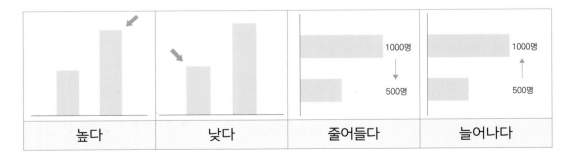

| 높다 | 낮다 | 줄어들다 | 늘어나다 |

많다	적다	가장/제일

0	100	200	1,000	10,000
전혀 없다	별로 많지 않다	적다	많다	매우 많다

N보다

N	보다	작년보다 지하철보다

- 작년보다 올해 눈이 더 많이 왔습니다.
- 말하기가 쓰기보다 어렵습니다.
- 교통은 도시가 시골보다 더 편합니다.

1 보기와 같이 알맞은 것을 골라서 질문에 대답을 쓰세요.

비싸다	좋다	위험하다	맛있다	흥미롭다

보기   고기, 생선 → 고기가 생선보다 더 비쌉니다.

1) 드라마, 다큐멘터리   → _____.

2) 자전거, 전동킥보드   → _____.

3) 차, 커피   → _____.

4) 산, 바다   → _____.

보기와 같이 문장을 완성하세요.

보기
　가: 서울이 덥습니까? 고향이 덥습니까?
　나: <u>서울보다 고향이 더 덥습니다.</u>

1) 한국 노래를 좋아합니까? 클래식을 좋아합니까?

　_____.

2) 옆에 있는 친구가 키가 큽니까? 여러분이 키가 큽니까?

　_____.

3) 말하기가 어렵습니까? 듣기가 어렵습니까?

　_____.

4) 전공이 어렵습니까? 한국어가 어렵습니까?

　_____.

③ 보기와 같이 문장을 완성하세요.

보기
　말하기 점수, 쓰기 점수
　→ <u>저는 말하기 점수가 쓰기 점수보다 높습니다.</u>

1) 축구, 수영

　→ _____.

2) 도시, 시골

　→ _____.

3) 한국 생활, 고향 생활

　→ _____.

4) 혼자 사는 것, 가족과 사는 것

　→ _____.

표현 2
Expression 2

V-는 것 같다

| 받침 O X | 는 것 같다 | 좋아하는 것 같다 |

A-(으)ㄴ 것 같다

| 받침 O | 은 것 같다 | 좋은 것 같다 |
| 받침 X | ㄴ 것 같다 | 예쁜 것 같다 |

▶ 어젯밤에 비가 온 것 같습니다.

▶ 친구는 한국 가수를 좋아하는 것 같습니다.

▶ 저 가방이 예쁜 것 같다.

▶ 다음 달에 고향에 갈 것 같습니다.

 보기와 같이 그림을 보고 문장을 완성하세요.

저 사람은 자는 것 같습니다.

1) 　　　　　음식이_____

2) 　　　　　선배님이_____

3) 　　　　　지금 밖에_____

4) 　　　　　저 사람은_____

2 보기와 같이 문장을 완성하세요.

| 맛있다 | 무섭다 | 못 가다 | 5년 정도 살다 | 볼 것이 많다 |

보기
가: 점심에 무엇을 먹고 싶습니까?
나: 닭갈비가 어떻습니까? <u>맛있을 것 같습니다.</u>

1) 가: 어디로 여행을 가고 싶습니까?
　 나: 제주도에 가고 싶습니다.＿＿＿＿＿＿＿＿＿＿＿＿＿＿＿.

2) 가: 저 사람은 한국어를 굉장히 잘 하는 것 같습니다.
　 나: 네, 저 사람이＿＿＿＿＿＿＿＿＿＿＿＿＿＿＿＿＿＿.

3) 가: 자전거를 탈 줄 압니까?
　 나: 아닙니다. 자전거는＿＿＿＿＿＿＿＿＿＿＿＿＿＿＿.

4) 가: 이번 주말에 콘서트에 갑니까?
　 나: 다음 주에 발표가 많아서＿＿＿＿＿＿＿＿＿＿＿＿＿＿.

3 보기와 같이 문장을 완성하세요.

보기
학교에 사람이 많습니다. <u>지금 축제를 하는 것 같습니다.</u>

1) 하늘에 구름이 많습니다. ＿＿＿＿＿＿＿＿＿＿＿＿＿＿＿.

2) 링이 웃고 있습니다. ＿＿＿＿＿＿＿＿＿＿＿＿＿＿＿.

3) 미오가 결석했습니다. ＿＿＿＿＿＿＿＿＿＿＿＿＿＿＿.

4) 알렉스의 눈이 빨갛습니다. ＿＿＿＿＿＿＿＿＿＿＿＿＿＿.

V-는다

받침 O	는다	읽는다
받침 X	ㄴ다	운동한다

▷ 나는 요즘 한국 소설책을 읽는다.

▷ 요즘 사람들은 열심히 운동한다.

A-다

받침 O X	다	예쁘다, 작다

▷ 내 친구는 키가 작다.

▷ 이번에 산 구두가 예쁘다.

N-(이)다

받침 O	이다	학생이다
받침 X	다	가수다

▷ 나는 세종대학교 학생이다.

▷ BTS는 한국의 유명한 가수다.

보기와 같이 문장을 바꾸세요.

보기	저는 유학생입니다. → <u>나는 유학생이다.</u>

1) 주말마다 도서관에서 공부를 합니다.

 →_____.

2) 가방이 별로 무겁지 않습니다.

 →_____.

3) 사람들이 많아서 거리가 매우 복잡합니다.

 →_____.

4) 저는 매운 음식도 잘 먹습니다.

 →_____.

 보기와 같이 문장을 바꾸세요.

보기	공항까지 한 시간 걸렸습니다. → <u>공항까지 한 시간 걸렸다.</u>

1) 부모님께서 오셔서 좋겠습니다.

 →_____.

2) 지난 주말에 명동에서 친구들을 만났습니다.

 →_____.

3) 오늘부터 저녁을 먹지 않을 것입니다.

 →_____.

4) 이번 겨울에는 매우 추울 것입니다.

 →_____.

다음의 글을 바꾸세요.

사람들은 스트레스를 받으면 단 음식을 먹습니다. 단 음식을 먹으면 기분이 빨리 좋아지고 나쁜 생각이 없어지는 것 같습니다. 하지만 단 음식을 먹으니까 자꾸 살이 찌고 건강에도 좋지 않습니다. 그래서 저는 요즘에 스트레스를 받을 때 따뜻한 차를 마시려고 합니다. 따뜻한 차는 마음을 편안하게 해 주고 건강에도 좋습니다.

쓰기1
Writing 1

다음의 표를 보고 설명하는 글을 쓰세요.

스트레스 해소엔 이게 최고!
나만의 스트레스 해소법은?

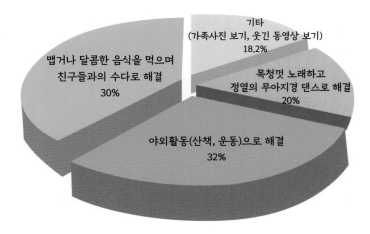

기타
(가족사진 보기, 웃긴 동영상 보기)
18.2%

목청껏 노래하고
정열의 무아지경 댄스로 해결
20%

맵거나 달콤한 음식을 먹으며
친구들과의 수다로 해결
30%

야외활동(산책, 운동)으로 해결
32%

■ 출처: 아이디어 카페 이벤트 'ㅇㅇㅇ옆 대나무숲, 나만의 스트레스 해소법!'

_____

_____

_____

_____

_____

_____

_____

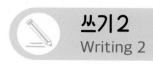

쓰기 2
Writing 2

친구들이 스트레스를 받을 때 어떻게 합니까? 수업을 같이 듣는
친구들에게 질문을 하고 결과를 표로 정리하세요. 그리고 글을 쓰세요.

맞춤법
Spelling

➕ 헷갈리는 맞춤법 2

> 가게   게시판   과제
> 휴게실   며칠   부엌

▶ 1 맞춤법을 확인하세요.

오늘은 몇 월 며칠입니까?

기숙사에는 부엌이 없습니다.

학교 근처에 24시간 운영하는 가게가 있습니다.

▶ 2 맞춤법에 주의해서 틀린 것을 바르게 고치세요.

1) 학교 개시판에 행사 안내 포스터가 붙어 있습니다.

    → _____.

2) 몇일 동안 잠을 자지 못했습니다.

    → _____.

3) 과재가 너무 많아서 너무 힘듭니다.

    → _____.

4) 휴개실에는 컴퓨터와 텔레비전이 있습니다.

    → _____.

※ Statistical information may be needed when you do your assginements. You can get Korean statistical information in the Statistics Korea's 'KOSIS'. Let's find out some statistical information with your classmates.

1) 한국 통계청의 '국가통계포털(KOSIS)' 웹사이트에 방문해 봅시다.

<국가통계포털(KOSIS, KOrean Statistical Information Service)>
☐ kosis.kr – [메뉴] – [쉽게 보는 통계] – [대상별/이슈별 접근]

2) 어떤 통계 자료를 찾고 싶습니까? 좋아하는 자료를 찾아서 아래에 그래프를 그려 봅시다.

3) 여러분 고향의 통계 자료도 찾아 보십시오 . 한국과 고향이 서로 비슷합니까 ? 서로 다릅니까 ?

16장

지역 소식

어린이대공원에서 얼룩말 '세로'가
우리를 부수고 탈출했다.

☆ **표현:** 피동, 직접화법, 간접화법

☆ **읽기:** 기사문 읽기

☆ **맞춤법:** 외래어

☆ **문화 Tip:** 얼룩말 '세로' 이야기

**학습
목표**

읽기
Reading

　지난 3월 광진구 어린이대공원 동물원에서 얼룩말 '세로'가 우리를 부수고 탈출했다. 2021년생 수컷 얼룩말 세로는 20여분 동안 광진구의 도로와 주택가를 돌아다니다가 경찰과 사육사들에게 잡혀서 동물원으로 돌아갔다. 그 장면을 본 세종대학교 학생은 인터뷰에서 영화를 촬영한다고 생각했다고 말했으며 또 다른 학생은 동물원이 답답해서 탈출한 것 같다고 말하며 울기도 했다.

　과거 2005년 4월에는 어린이대공원에서 코끼리 6마리가 탈출하는 사건도 있었다. 그때 코끼리는 근처 음식점의 물건을 부수거나 집 마당을 밟아서 사람들에게 피해를 줬다. 동물학자 이제인 박사는 "동물들이 편안함을 느낄 수 있도록 모든 사람들이 동물원의 환경에 대해 관심을 가져야 한다."라고 말했다.

광진일보 김보람 기자

1. 어린이대공원에서 무슨 일이 있었습니까?
2. 얼룩말은 어떻게 잡혔습니까?
3. 동물학자는 뭐라고 이야기합니까?

어휘
Vocabulary

 ### 사건·사고

도둑-훔치다	살인자-죽이다	부수다	다치다
죽다	피해를 주다	슬프다	안타깝다
탈출하다	반성하다		

➕ 동사

감다	걸다	끊다	놓다
물다	안다	열다	잡다
쫓다	찢다		

표현 1
Expression 1

피동

이	보다, 쓰다	보이다, 쓰이다
히	잡다, 먹다	잡히다, 먹히다
리	듣다, 열다	들리다, 열리다
기	끊다, 쫓다	끊기다, 쫓기다
아/어 지다	끄다, 찢다	꺼지다, 찢어지다

▶ 바다가 보이는 방으로 주십시오.

▶ 도둑이 경찰에게 잡혔습니다.

▶ 바람 때문에 문이 저절로 열립니다.

▶ 전화가 끊겼습니다.

▶ 불이 꺼졌습니다. 다시 불을 켜 주십시오.

1 다음 중 맞는 것에 O표 하세요.

1) 바다가 (보는 / 보이는) 방으로 주십시오.

2) 벌레한테 (물렸을 / 물었을) 때 이 약을 바르십시오.

3) 선물을 사러 백화점에 갔는데 문이 (닫아 / 닫혀) 있었습니다.

4) 오랜만에 운동을 하니까 스트레스가 (풀렸습니다 / 풀었습니다).

2 보기와 같이 문장을 바꿔 쓰세요.

┌─ 보기 ─┐   사냥꾼이 토끼를 잡았습니다.
└───────┘   → <u>토끼가 사냥꾼에게 잡혔습니다.</u>

1) 전화번호를 바꿨습니다.

  →_____.

2) 책상 위에 가방을 놓았습니다.

  →_____.

3) 벽에 시계를 걸었습니다.

  →_____.

4) 전화를 끊었습니다.

  →_____.

3 보기와 같이 문장을 완성하세요.

┌─ 보기 ─┐   바람이 많이 불어서 <u>창문이 닫혔습니다.</u> (창문, 닫다)
└───────┘

1) 어디에서 시끄러운_____(음악, 듣다)

2) 날씨가 좋아서 멀리 있는_____(산, 보다)

3) 너무 피곤해서_____(눈, 감다)

4) 어머니께서 울고 있는_____(아기, 안다)

표현 2
Expression 2

직접화법

"문장"	라고 했습니다	"저는 세종대학교에 다닙니다." 라고 했습니다.

▷ 민규가 "오늘은 학교에 못 갑니다."라고 했습니다.

▷ 기자는 "이번 일은 참 안타깝습니다."라고 말했습니다.

▷ 선생님께서는 "내일은 수업이 없습니다."라고 말씀하셨습니다.

 보기와 같이 직접화법으로 바꿔 쓰세요.

　　　엘: "오늘 날씨가 춥습니다."
　→　엘이 "오늘 날씨가 춥습니다"라고 했습니다.

1) 하늘: "오늘은 수업이 없습니다."

　→_____.

2) 교수님: "다음 주부터 시험기간입니다."

　→_____.

3) 아나운서: "여의도 불꽃축제가 내일부터 시작됩니다."

　→_____.

4) 영화감독: "이 영화는 슬픈 사랑이야기입니다."

→ _____.

2 보기와 같이 직접화법으로 바꿔 쓰세요.

> 보기　　　민석: "같이 점심 먹읍시다."
> → 민석이 "같이 점심 먹읍시다."라고 했습니다.

1) 신문기사: "동물에게 자유를 줘야 한다."

→ _____.

2) 소크라테스: "반성하지 않는 삶은 살 가치가 없다."

→ _____.

3) 작가: "사람은 누구나 행복하다."

→ _____.

4) 할아버지: "다음 달에 한국으로 갈 것이다."

→ _____.

3 다음 글을 읽고 직접화법을 사용해서 아래의 글을 완성하세요.

동물원을 탈출한 후에 코끼리는 화양동 근처에서 발견되었습니다. 코끼리 때문에 다친 사람은 아무도 없었습니다. 동물원 사육사는 이렇게 말했습니다. "동물원에서 행사를 하고 나서 갑자기 뛰어나갔습니다." 코끼리는 탈출 3시간 후에 잡혔습니다. 사람들은 이 사건을 보고 다음과 같이 말했습니다. "코끼리가 너무 불쌍합니다. 동물원은 없어져야 합니다."

동물원을 탈출한 후에 코끼리는 화양동 근처에서 발견되었습니다. _____

_____

_____

_____

_____

_____

_____

표현 3
Expression 3

간접화법

평서문	V	받침 O	는다고 하다	읽는다고 하다
		받침 X	느다고 하다	간다고 하다
	A	받침 O X	다고 하다	작다고 하다
의문문	V/A	받침 O	느냐고 하다	먹느냐고 하다
		받침 X	냐고 하다	예쁘냐고 하다
명령문	V	받침 O	으라고 하다	있으라고 하다
		받침 X	라고 하다	가라고 하다
청유문	V	받침 O X	자고 하다	운동하자고 하다

▶ 지금 비가 온다고 합니다.

▶ 축제 기간에는 사람들이 많다고 합니다.

▶ 친구가 어디에서 시험 원서를 접수하냐고 합니다.

▶ 도서관에서는 조용히 하라고 하셨습니다.

▶ 동생이 내일부터 운동하자고 했습니다.

 보기와 같이 간접화법으로 바꿔 쓰세요.

 엘: 오늘 날씨가 춥습니다.
→ 엘이 오늘 날씨가 춥다고 했습니다.

1) 하늘: 저는 돈이 많지 않습니다.

→ _____.

2) 은지: 저는 보통 학교 근처에서 놉니다.

→ _____.

3) 일기예보: 내일은 덥고 비가 많이 내릴 것입니다.

→ _____.

4) 아나운서: 어제 행사에 수많은 사람들이 모였습니다.

→ _____.

2 보기와 같이 간접화법으로 바꿔 쓰세요.

(보기)　　민석: 점심 먹었습니까?
　　　　→ 민석이 점심 먹었냐고 했습니다.

1) 엘사: 같이 도서관에 갑시다.

→ _____.

2) 주디: 추우니까 창문을 좀 닫아 주십시오.

→ _____.

3) 친구: 이번 주부터 시험이니까 공부를 열심히 합시다.

→ _____.

4) 밍: 방학에 고향에 돌아갑니까?

→ _____.

3 다음 글을 읽고 아래의 대화를 완성하세요.

안녕하세요. 저는 앤드류입니다. 어제 갑자기 고향에서 전화가 왔습니다. 할아버지께서 많이 편찮으셔서 고향에 갔다 와야 합니다. 오늘 저녁 비행기로 출발합니다. 3일 후에 돌아오니까 시험은 볼 수 있습니다. 선생님께 좀 전해 주시기 바랍니다.

선생님   어, 앤드류가 학교에 안 왔군요.

로라   선생님, 오늘 아침에 앤드류 씨한테서 문자를 받았습니다.

어제 갑자기 1)_____.

할아버지께서 2)_____.

그래서 3)_____.

3일 후에 돌아오니까 4)_____.

요즘 여러분이 가장 관심 있는 지역 소식은 무엇입니까? 관심 있는 지역 소식을 검색해서 글을 쓰세요. 아래의 조건을 갖춰야합니다.

1) 인터넷 기사를 찾아보십시오.
2) 직접 화법과 간접화법을 사용하십시오.

_____

_____

_____

_____

_____

_____

_____

_____

_____

_____

_____

쓰기 2
Writing 2

다양한 자료를 참고해서 동물원에 대한 나의 생각을 쓰세요.
아래의 조건을 갖춰야합니다.

1) 다양한 자료를 참고하십시오.
2) 직접 화법과 간접화법을 사용하십시오.

_____

_____

_____

_____

_____

_____

_____

_____

_____

_____

_____

맞춤법
Spelling

 외래어

> 카페   마트   서비스센터
> 샌드위치   샐러드   이메일
> 엘리베이터   에스컬레이터   에어컨

1 맞춤법을 확인하세요.

카페에서 커피를 마십니다.

샌드위치와 샐러드를 좋아합니다.

엘리베이터를 타고 1층으로 가서 마트에 들어갑니다.

2 맞춤법에 주의해서 틀린 것을 바르게 고치세요.

1) 휴대폰이 고장 나서 써비스쎈터에 왔습니다.

　→_____.

2) 2번 출구에는 애스컬래이터가 있습니다.

　→_____.

3) 너무 더우니까 에어콘을 켭시다.

　→_____.

4) 다이어트 중이어서 셀러드를 먹으려고 합니다.

　→_____.

문화 Tip | 얼룩말 '세로' 이야기

※ 어린이대공원의 얼룩말 '세로'는 왜 동물원에서 탈출을 했습니까?
　그 후 어떻게 지내고 있습니까? 세로에 대해 조사해 봅시다.

1) 세로는 왜 탈출을 했습니까?

<힌트 1>	<힌트 2>
· 세로의 아빠(가로): 1999년~2022년(사망) · 세로의 엄마(루루): 2005년~2021년(사망) · 세로(아들): 2019년~현재 · 세로는 그동안 혼자 살았습니다.	· 옆집 캥거루와 싸웠습니다.

2) 세로는 요즘 어떻게 지냅니까?

<힌트>

3) 사람들은 세로를 어떻게 생각합니까?

저자 소개

- 장현묵 세종대학교 국어국문학과 초빙교수
- 정영교 세종대학교 국어국문학과 강사
- 이지은 세종대학교 국어국문학과 강사
- 양윤실 세종대학교 국어국문학과 강사
- 오유진 세종대학교 국어국문학과 강사

한국의 언어와 문화(기초편)

초판발행   2023년 9월 22일

지은이   장현묵·정영교·이지은·오유진·양윤실
펴낸이   안종만·안상준

편 집   소다인
기획/마케팅   박부하
디자인   BEN STORY
제 작   고철민·조영환

펴낸곳   ㈜ **박영사**
                서울특별시 금천구 가산디지털2로 53, 210호(가산동, 한라시그마밸리)
                등록 1959.3.11. 제300-1959-1호(倫)
전 화   02)733-6771
f a x   02)736-4818
e-mail   pys@pybook.co.kr
homepage   www.pybook.co.kr
ISBN   979-11-303-1843-1 03710

정 가   29,000원

어휘 노트

직업
학생
교수(교수님)
의사
간호사
경찰
소방관
우체부
경비원
기사
회사원
연구원
엔지니어
도시
N학년
선배
동기
후배

학과
경영학과
고향
명함
사람
사진
선생님
소개
전공
컴퓨터공학과
학교
누구
어디
저, 제
도
분

*삼성전자
*세종대학교

어휘 노트

2 장

가방
과일
과자
구두
그림
꽃
나무
노트북
모자
물
물건
볼펜
사과
사이다
수박
신발
옷
우유

음식
의자
지도
채소
책
책상
커피
콜라
텔레비전
햄버거
공원
교실
극장
놀이기구
도서관
동물원
마트
백화점

어휘 노트

2 장

병원

분수대

서점

시장

식당

카페

가이드북

게임

관광

구경거리

날씨

노래

눈

동생

드라마

비빔밥

어머니

언니

여자

여행

영화

운동

유학생

지하철

친구

탐방

토요일

형

가다

공부하다

구경하다

듣다

마시다

만나다

먹다

메모하다

어휘 노트

2장

받다
보다
사다
산책하다
쇼핑하다
앉다
오다
읽다
적다
전화하다
좋아하다
주다
청소하다
타다
있다
없다
덥다
많다

배고프다
비싸다
싸다
예쁘다
작다
재미있다
좋다
춥다
크다
피곤하다
그래서
자주
오늘
거기
여기
누구
무엇

*한강

어휘 노트

3장

바지	생활
셔츠	소비
운동화	수업
자전거	숙제
치마	얼마
휴대폰	유람선
갈비탕	저녁
김밥	집
냉면	차
라면	축구
불고기	한국어
빵	배우다
포도	부르다
슈퍼마켓	사다
기자	샤워하다
돈	쉬다
딸기	쓰다
밥	자다

어휘 노트

3 장

좁다

깨끗하다

넓다

쉽다

아름답다

어제

그저께

지난 주

지난 달

작년

N년 전

옛날

지금

너무

많이

*종로

어휘 노트

4장

경고문

공사

공연장

담배

들

박물관

보건실

수영장

술

시설

안내문

에스컬레이터

준비운동

표지판

화장실

흡연부스

30분

감기

걱정

공포 영화

기타

길

김치

내일

뉴스

동안

떡볶이

면접

비

수업시간

스키

시험

신문

아침

야구

옆

어휘 노트

4 장

오후
왼쪽
우산
음악
잠
정문
중
태권도
테니스
피아노
흡연
이곳
그곳
저곳
수영하다
이용하다
찍다
피우다

걸리다
긴장하다
들어가다
막히다
만들다
모르다
물어보다
쓰다
이야기하다
짓다
치다
어서
오래
일찍
잘
조금

*광개토관

어휘 노트

4장

*뚝섬 수영장

*어린이대공원

어휘 노트

5장

N학번

결석

공결

과제

기숙사

끝나다

룸메이트

모임

수강생

수강신청

시작되다

신청

일정

제출하다

조별

참여하다

출석

행사

받는사람

보내다

올림

이메일

제목

첨부하다

첨부파일

PC방

계획

등산

방학

배구

불

사탕

산

생일

선물

스트레스

어휘 노트

5장

아르바이트

여름

영어

우리나라

일정표

젤리

퇴근

퇴근

나가다

드리다

들어오다

설거지하다

싸우다

연락하다

요리하다

이사하다

지각하다

처리해주다

켜다

헤어지다

늦다

맛있다

복잡하다

다시

모두

이따가

정말

혼자

누가

어떻게

언제

날짜

다음 주

달력

며칠

몇

어휘 노트

월

일

주말

처음

(으)로

N때문에

부탁드리다

에

와/과

죄송하지만

*경주

어휘 노트

6장

가입하다

대학

동아리

입학하다

장학금

졸업하다

중간고사

모집하다

봉사활동

외국어

인터뷰

인턴쉽

일하다

준비하다

지원하다

취업

취직

합격하다

회사

서류

성적

자기소개서

증명서

포트폴리오

K-POP

개론

관심

기간

머리

문화

미래

배낭여행

약국

연휴

운전면허

이번

어휘 노트

6 장

점심
추석
축제
콘서트
택시
프로그래밍
학원
열심히
왜
내년
올해
내리다
등록하다
맞추다
모으다
살다
선택하다
세일하다

아프다
어렵다
힘들다
무슨

*속초

어휘 노트

7장

강의실	학생지원처
공지사항	학술정보실
과대표	학적과
보강	단점
사무실	동기
신청서	목표
체육대회	성격
학생증	장래희망
휴강	장점
대외협력과	지원
상담	학업
수업과	농구선수
시설과	영화배우
유학생	조종사
인권/성평등센터	축구선수
취업지원지원센터	공공장소
학생생활상담소	미술관
학생지원과	직장

어휘 노트

7장

매일

현재

후

규칙

나이

비행기

쓰레기

쓰레기통

전통

창문

키

핸드폰

휴대 전화

부모님

여동생

할머니

할아버지

가르치다

감상하다

그리다

닫다

되다

빌리다

울다

전화하다

지키다

확인하다

조용히

즐겁게

*미국

*발리

어휘 노트

8 장

다음 달

모레

가을

겨울

봄

학기

경치

교통카드

비자

숙소

여권

예매하다

예약하다

표

공항

근처

기말고사

바다

버스

범위

스케이트

여기저기

일요일

자격증

하차 벨

한글

김치찌개

생선회

음료수

저녁밥

개강하다

끄다

돌아가다

보내다

씻다

인사하다

어휘 노트

8장

바쁘다

보통

와/과 같이

*경복궁

*명동

*설악산

*제주도

*컴퓨터활용

*토픽

*한라산

어휘 노트

9 장

N주차

강의

과목명

기말시험

대상

방법

변경하다

보고서

안내하다

업로드하다

오리엔테이션

온라인

유체크

자료

작성하다

조별 과제

주

중간시험

집현캠퍼스

첫

출석

퀴즈

팀플

평가

고급

문법

발음

수준

어휘

중급

초급

공휴일

다음

매주

빨리

수

어휘 노트

9장

시차 적응

약

외국인

웹사이트

이상

인기

인터넷

점

졸업생

질문

하루 종일

뭐

건강하다

노력하다

소개하다

싫어하다

접수하다

조심하다

좋아지다

펴다

표시되다

궁금하다

그리고

다

먼저

N 번

N 편

N을 위한 N

반갑습니다

어휘 노트

10장

가깝다	좋다
강하다	즐겁다
괜찮다	지루하다
귀찮다	짧다
길다	차갑다
깨끗하다	행복하다
나쁘다	흐리다
다르다	결혼하다
더럽다	따라하다
똑같다	사귀다
맑다	살이 찌다
멀다	소리를 내다
밝다	이해되다
쌀쌀하다	지나다
약하다	초대하다
어둡다	가족
익숙하다	값
졸리다	계좌

어휘 노트

그때
기분
내용
다이어트
몸
배드민턴
생각
성인
스터디
아메리카노
예전
요즘
유학
적극적
카드
패스트푸드
하늘
새

가장
곧
꾸준히
더
미리
점점
좀
하지만
훨씬
N 개월
씩
앞으로

어휘 노트

11장

늦다

데려오다

데리고 오다

빨래하다

외박하다

큰소리

통화하다

보증금

빌라

아파트

원룸

월세

자취하다

주택

교통

나이

대회

사촌

옆 사람

오픈북 시험

이성친구

정도

중간

학기 초

헬스장

아무도

건너다

막히다

쌓이다

일어나다

퇴근하다

풀다

그립다

급하다

맵다

불편하다

11
장

시끄럽다

짜다

갑자기

급하게

늦게

잠깐

주로

천천히

그래서

그런데

그리고

N 분

만

*건대입구역

어휘 노트

12장

공기업

공모전

국제기구

대기업

어학

자기계발

정부기관

중견기업

중소기업

진로

참가하다

가르쳐 주다

걷다

구하다

기다리다

돕다

묻다

믿다

복습하다

불다

운전하다

입다

전공하다

줍다

찾다

추다

팔다

고기

꿈

듣기

라디오

사장님

주스

춤

케이크

회의

아직

다른 N

*인천

어휘 노트

13장

공휴일

국경일

기념하다

명절

양력

음력

떡국

설날

세배하다

웃어른

한복

성묘

송편

조상님

지내다

차례

추석

친척

강강술래

연날리기

윷놀이

전통 놀이

제기차기

고양이

도로

마음

말하기

문자 메시지

복권

사인

신조어

오랜만

학사과정

경험하다

다니다

당첨되다

어휘 노트

13 장

방문하다

실수하다

알다

유학하다

잃어버리다

화내다

기쁘다

유명하다

벌써

얼마나

함께

밥을 주다

어휘 노트

14장

가능하다

대외활동

마감

문의사항

주제

직접

처리되다

콘테스트

파일

행사

아래

돌려드리다

번호

보내드리다

알려드리다

껍질

메시지

밖

손

앞

영화관

오전

우체국

자동차

장소

주문하다

지하

학생식당

해외

확정

여러

당신

깎다

낫다

낳다

도착하다

어휘 노트

**14
장**

완성되다

거의

계속

또

이제

항상

혹시

살

행

어휘 노트

15장

떨다	줄어들다
수다	통계
쌓다	가수
취미생활	게시판
해소	구름
N에 대해	눈
결과	다큐멘터리
낮다	닭갈비
높다	생선
늘어나다	선배님
매우	소설책
별로	시골
분석	쓰기
비율	야외
응답하다	어젯밤
전혀	이유
제일	전동킥보드
조사하다	점수

어휘 노트

차
코로나19
클래식
포스터
학생회
해결
발표하다
운영하다
웃기다
웃다
달다
달콤하다
따뜻하다
무섭다
빨갛다
위험하다
흥미롭다
나

N 시간
아무것도

*BTS

어휘 노트

16장

다치다	안다
도둑	열다
반성하다	잡다
부수다	쫓다
사건	찢다
사고	가치
슬프다	과거
안타깝다	동물학자
죽다	마당
탈출하다	바람
피해를 주다	방
훔치다	벌레
감다	벽
걸다	불
끊다	불꽃축제
놓다	사냥꾼
물다	사랑
바꾸다	사육사

어휘 노트

16장

삶
샌드위치
샐러드
서비스센터
소식
수컷
시계
아기
아나운서
아들
얼룩말
에어컨
엘리베이터
옆집
원서
음식점
일보
자유

작가
장면
주택가
지역
캥거루
코끼리
토끼
편안함
환경
우리
갔다오다
놀다
느끼다
돌아다니다
돌아오다
뛰어나가다
바르다
밟다

어휘 노트

16
장

전해주다

촬영하다

출발하다

수많다

멀리

저절로

N년생

N여분

누구나

마리

이렇게

*여의도

*화양동